MW01702546

DIRIGIDA POR ARMANDO SUÁREZ

traducido por

MARÍA DOLORES DE LA PEÑA

SEMINARIO DE PSICOANÁLISIS DE NIÑOS

por

FRANÇOISE DOLTO

Edición realizada con la colaboración de Louis Caldaguès

siglo veintiuno
editores

grupo editorial
siglo veintiuno

siglo xxi editores, méxico
CERRO DEL AGUA 248, ROMERO DE TERREROS, 04310 MÉXICO, DF
www.sigloxxieditores.com.mx

siglo xxi editores, argentina
GUATEMALA 4824, C1425BUP, BUENOS AIRES, ARGENTINA
www.sigloxxieditores.com.ar

anthropos editorial
LEPANT 241-243, 08013 BARCELONA, ESPAÑA
www.anthropos-editorial.com

edición al cuidado de maría luisa puga
portada de carlos palleiro

primera edición en español, 1984
segunda reimpresión, 1987
segunda edición, 1991
décima reimpresión, 2017

isbn 978-968-23-2002-6

primera edición en francés, 1982

título original: *séminaire de psychanalyse d'enfants*

impreso en impresora gráfica hernández
capuchinas núm. 378
col. evolución, cp. 57700 edo. de méxico

ÍNDICE

PREFACIO

1. Un niño puede soportar todas las verdades — Alain, un niño negado en sus orígenes — Todo niño lleva en sí a sus padres de nacimiento — Cómo hacer que se exprese un niño en terapia — Saber jugar con los niños sin erotismo — Los bebés se comunican mucho más entre sí que con sus madres 17

2. El hijo, síntoma de los padres — los errores de los jóvenes psicoanalistas — Los hijos adoptivos hacen todo por parecerse físicamente a sus padres — El niño, terapeuta familiar — Cómo manejar una primer entrevista 32

3. Las diferentes castraciones I: Una castración que es una frustración no es ya simbolígena — Katia, una pequeña inválida que no había recibido ninguna castración (sesión íntegra) 45

4. Las diferentes castraciones II: La no castración umbilical y las fobias — La castración oral — La castración anal 57

5. El ser humano —ese mamífero— Es psíquicamente un ser de filiación de lenguaje, por lo tanto de adopción — Didier no habla más que el lenguaje que inventó 65

6. El psicótico en busca de doble o de objeto sexual — Todo ser humano es útil a otro — Las inimaginables transferencias de los psicóticos 73

7. La negación del sexo femenino — Los "secretos" de los niños — Los niños "pura memoria" y la inteligencia digestiva — Un bebé es un modelo que evita la superación del mayor — El gemelo es un represen-

tante de la placenta – Una psicoterapia de persona mayor 83

8. El edipo de los niños bilingües – El lenguaje es un hijo incestuoso – Equivalencia de la vagina y de la boca en las niñas 93

9. Un ejemplo de encuentro mortífero – Las convulsiones: una sobreexcitación pulsional sin palabras – El sujeto es receptivo hasta en estado de coma 102

10. "Pero ¿en dónde estaba yo antes de nacer?" – Cuando un niño pierde a su madre, pierde al mismo tiempo a su padre – Un niño que sin cesar se cae para atrás – En el niño, la casa y el cuerpo se confunden 118

11. La incubadora, un autismo experimental – ¿Qué quiere de él esa mujer portadora de muerte?, se dice el bebé – En directo a través de France-Inter: la curación de niños autistas – La huella del cordón umbilical en la palma de la mano – El corazón, primer significante ritmado 131

12. La sociedad imaginaria de los autistas – Un ejemplo de compulsión descifrada – El acecho de las sensaciones viscerales 144

13. El disfrute sexual durante todo el día no es el principio del placer – El deseo nos agota, pero nos recuperamos gracias a las pulsiones de muerte – El seudomasoquismo femenino – Los enfurruñamientos – El recién nacido en situación de incesto libidinal – El insomnio o la lucha entre el narcisismo primario y las pulsiones de muerte 153

14. La enuresis: un síntoma que atañe al tipo de libido – Los niños insoportables sirven de electrochoques – Repercusiones del edipo torcido de los padres sobre sus hijos 166

15. Dificultades específicas de las terapias antes del edipo – El trabajo de sublimación de la castración edípica – Ahmed, al que su cuerpo servía de madre 180

16. Identificación de los niños con animales — Los mecanismos de las fobias — La importancia del rostro para el desarrollo psíquico — "Me duele mi padre" — Los pequeños autistas nunca se enferman 193

17. Cómo se constituye el doble, ese otro en nosotros mismos — La formación de los diferentes pre-superyó — La formación de los diferentes pre-yó — La entrada en el edipo — fracaso e ideal del yo — Deformación de la estructura en los dibujos de niños — La inquietante extrañeza o el encuentro del doble en el exterior 202

PREFACIO

Este libro es una obra única en la historia del psicoanálisis.

Su originalidad proviene de la situación que le ha dado origen: desde hace cerca de quince años, en su seminario de la Escuela freudiana de París –y en otra parte [1] luego de la disolución de esta última por Lacan en enero de 1980– durante una hora y media sin parar, Françoise Dolto contesta a todas las preguntas de terapeutas –mujeres en un 90%– que tienen dificultades en sus tratamientos de niños.

Este seminario, que se lleva a cabo dos veces al mes, está abierto únicamente a los psicoterapeutas y psicoanalistas en formación, ya analizados o todavía en análisis y que, en su mayoría, trabajan en instituciones.

Los participantes llegan, ya sea ocasionalmente porque tienen dificultades particulares en el transcurso de un tratamiento, o por el gusto de la investigación psicoanalítica. La misión de este seminario, en efecto, es responder a la urgencia. Pero poco a poco se ha abierto paso otra orientación, natural podríamos decir, que consiste en determinar, a través de los casos particulares, lo que hay de específico en el análisis de los niños.

El tomo I de *Seminario de psicoanálisis de niños* es una selección hecha por la autora entre los seminarios más adecuados para hacer aprehender en vivo en qué consiste el proceso de elaboración psicoanalítica. Son pues los registros simultáneos de un trabajo de tres personajes: el analista, el niño, físicamente ausente, y Françoise Dolto. El psicoanalista, en su incomprensión ante un caso difícil, transmite el dolor psíquico y los problemas del niño a Françoise Dolto, quien responde en consecuencia.

El analista, en ese momento, es el mediador del niño; pero un mediador que se ha visto en la imposibilidad de ejercer un movimiento reflexivo en su práctica. Entonces es apasionan-

[1] En el Instituto de jóvenes sordos, 254 rue Saint-Jacques, 75005 París. Los segundos y cuartos jueves de cada mes.

te, para los psicoterapeutas presentes cuyo problema es a veces el mismo, descubrir que otro analista, ante su angustia, no llega a un enfoque que le permita encontrar la actitud interior y la palabra justas. En efecto, con frecuencia comprobamos que el terapeuta, metido hasta el cuello en su caso, no se da cuenta de que está paralizado por ciertos problemas del niño que interfieren con un episodio de su propio pasado, todavía sin esclarecer. Es hablado, poseído por el sufrimiento de su pequeño paciente, paciente que Françoise Dolto, fuera del campo de transferencia y de contratransferencia particular de este tratamiento, puede devolver a su historia a través del psicoterapeuta a quien al mismo tiempo devuelve a la suya.

Las respuestas de Françoise Dolto son instantáneas, imprimiendo en su sensibilidad todos los elementos que le parecen retorcidos en la narración del caso. La lectura de esos diálogos permite por lo tanto asistir en vivo al surgimiento, a veces brutal, de una verdad simple a propósito de un caso con frecuencia presentado de manera compleja y llena de lagunas.

En efecto, Françoise Dolto posee el arte y la sabiduría de formular las preguntas adecuadas: las que provocan la afluencia de datos nuevos que hacen aparecer situaciones ocultas, o revelan la importancia de ciertos personajes considerados hasta entonces secundarios y sin embargo esenciales en la vida del niño. Como por ejemplo un padre, un abuelo, una abuela o un hermano en el que nunca se había pensado.

El que Françoise Dolto se pueda anticipar en la lógica de los casos con tanta velocidad y pertinencia se debe a su considerable experiencia con miles de niños. Durante cuarenta años, en el hospital Trousseau, ha recibido todas las semanas, entre las nueve y las catorce horas, de diez a doce niños. Si pensamos que en promedio ha trabajado treinta y ocho semanas al año, vemos la población que esto representa.

De ahí proviene lo que constituye su doble originalidad. Por una parte, para ella la clínica no es un saber conceptual, sino, ante todo, los nombres, los rostros y los cuerpos de los que sufren y que ella cura. Para Françoise Dolto el conocimiento es sobre todo experimentado y está ligado siempre a lo concreto.

Por la otra, ha dejado que los mismos interesados la enseñen a *hablar como niño y como bebé.* Es un bebé sabio, de ahí la eficacia única y muy particular de sus palabras. Algunas —afiladas como bisturís— cortan el cordón umbilical. Otras —puntiagudas como agujas— zurcen la identidad. Otras más —tensas como resortes— remiten hacia el deseo.

Françoise Dolto, como todos los que exploran realidades desconocidas, tiene necesidad de crear expresiones y palabras nuevas. Algunas, destinadas a los analistas, le sirven para traducir más precisamente la dinámica pulsional, subyacente a los comportamientos y los dichos de los niños. Por ejemplo, palabras como "descohesionarse", "recohesionarse", "el yendo-deviniendo del niño", "mamaizar", y muchas más.

Otras, parecidas a las que utilizan los niños, cuando no son sus mismas palabras, traducen para ellos la significación de sus movimientos gráficos en el dibujo, de sus movimientos manuales en la plastilina, o de los movimientos de sus cuerpos durante la sesión. Así por ejemplo, cuando un niño no dice nada, sino solamente agita un pie, Françoise Dolto interpreta para él: "Tu pie quiere saludar a mi pierna." O en otro caso: "Tu boca dice que no, pero tus ojos dicen que sí." Así es como llega a hacer comprender a sus jóvenes pacientes, carentes de vocabulario, que ha entendido su lenguaje.

Todas esas expresiones están lastradas con fragmentos corporales adecuados, de los que se compone la gran "lengua de fondo" del inconsciente. Transmiten un fragmento de experiencia vivida, reaniman la lengua infantil escondida en cada uno, aunque parezca caída en desuso.

Este lenguaje se apuntala en la ética del desarrollo humano, que hace suyo con naturalidad un niño con buena salud psíquica. ¿En qué consiste esa ética en la que se apoya la práctica analítica de Françoise Dolto? ¿Se trata de un conformismo? ¿De una búsqueda de la adaptación del niño a su medio cueste lo que cueste? ¿De una especie de voluntad normalizadora? Todo eso se ha dicho.

En realidad, esta ética viene también de la observación clínica: el desarrollo deseado por el niño es llegar al adulto que lleva dentro. O sea, crecer pasando por las etapas propias a la vez de nuestra propia especie y del medio lingüístico y educativo. ¿Se puede entonces reprochar a Françoise Dolto que sea moralizante cuando estima, por ejemplo, que la posición erecta es específica del desarrollo del ser humano entre los diez y los catorce meses? ¡Pero la metáfora de la verticalidad es, sin embargo, justamente la ética humana del dominio de sí mismo en el espacio!

Françoise Dolto se dedica, a lo largo de su seminario, a corregir todo lo que pueda trabar, parasitar o desviar el "yendo-deviniendo" del niño hacia su estado adulto. Con lápices, plastilina y palabras, trabaja como si ningún caso fuera irreparable, ninguna situación irrecuperable. De ahí esa ligera euforia del lector, por oposición al pesado agobio que lo invade ante algunas obras de psicoanálisis. También para el lector, los límites de lo recuperable y de lo incomprensible parece que retroceden. Pero no se piense que se trata de ortopedia y de readaptación. La expresión justa de lo reprimido, tal como reaparece en la relación terapéutica, engendra efectos ordenadores en la historia del niño, y libera su libido de la repetición que entorpecía su libertad.

Lo que me fue más útil, cuando comencé a seguir este seminario y a ver a Françoise Dolto trabajando, fue oírla recordar sin cansarse a los terapeutas, que en psicoanálisis no existe ninguna criptografía de interpretación *a priori* y que es necesario aprender los elementos del "léxico básico" de cada niño. ¿Qué significan para el niño las palabras que utiliza? Los niños toman palabras del vocabulario adulto, pero las cargan de un sentido directamente ligado a su experiencia, que les es completamente personal y constituye un código a veces impenetrable. El analista debe, ante todo, descifrar palabra por palabra lo que el niño dice, haciendo que lo represente, por medio de dibujos o de modelado, por ejemplo, haciéndole asociar a las palabras su representación. Así, en el caso del niño que repite a su psicoterapeuta: "Mis padres son malos",[2] Françoise Dolto responde: "Pregunte a ese niño lo que es *malo* para él. Dígale: ¿Qué quiere decir *malo* para ti? Y, sobre todo, hágale que represente lo que significa esa palabra, pidiéndole: Dibújame un *malo*." ¿Qué dibujará? ¿Un pájaro? ¿Una boca? ¿Un garabato? Al principio, no sabemos nada. A partir de lo que él

[2] p. 21.

nos diga sabremos el sentido que la palabra "malo" toma en su vivencia particular.

Hasta un psicoanalista debe cuidarse constantemente de dar significaciones de adulto a lo que dicen y hacen los niños. En especial cuando los niños no llegan a expresar en palabras lo que tienen que decir, sino que lo traducen en gestos, en movimientos, en mímica, en comportamientos, a veces en silencio y en inmovilidad. Françoise Dolto nos enseña, también ahí, que se trata de descifrar esas actitudes como un lenguaje singular.[3]

Françoise Dolto repite que un niño al que llevan a consulta, con frecuencia es el síntoma de sus padres. Con eso quiere decir que muchas madres y a veces padres utilizan inconscientemente los problemas de su hijo para decidirse a ver al psicoanalista ellos mismos. De hecho, llegan y trabajan con el terapeuta, sin darse cuenta de lo que quedó obstruido en su propio desarrollo y en sus relaciones con sus propios padres. Uno se percata de que la llegada y el crecimiento de un niño han podido volver a actualizar conflictos enterrados, no resueltos, que tuvieron a la misma edad con sus propios padres. Entonces, a través de su hijo, viven una relación puramente imaginaria que no le concierne a él.[4] Su relación interpersonal de pareja se transforma en relación de rivalidad niño/niña alrededor de los objetos insatisfactorios e imaginarios de su infancia. El padre y la madre se reprochan mutuamente su comportamiento ante el niño, desencadenando su culpabilidad recíproca. Ésta entraña a su vez, en ciertas etapas del desarrollo del niño, su culpabilidad con relación a su crecimiento y a su sexo, inducida por el comportamiento aberrante de sus modelos adultos y principales.

3 Boris Dolto, el esposo de Françoise Dolto, le ha aportado mucho en cuanto a la comprensión del lenguaje del cuerpo. Médico kinesioterapeuta, ruso de origen, Boris Dolto fundó la Escuela francesa de ortopedia y de masaje. Abierto —por su humanismo a la rusa— a todas las formas del saber, adquirió una comprensión groddeckiana del inconsciente "carnalizado", que se expresa en forma del funcionamiento, armonioso o no, del cuerpo en su totalidad o en parte.

4 Esta es la razón por la que Françoise Dolto considera que se debe ser psicoanalista de adultos antes de hacer curaciones de niños, ya que, por una parte, frecuentemente se trata de tomar a uno u otro de los padres en terapia y, por la otra, porque el análisis de niños es más difícil. Comprender sus modos de expresión demanda mayor experiencia de la articulación de los inconscientes en un grupo familiar.

Con mucha frecuencia los problemas del niño desaparecen en el transcurso de las entrevistas —que se consideraban preliminares a su curación— entre el terapeuta, los padres y el niño. Aunque no hubiera ningún tratamiento de psicoterapia de por medio el niño recupera su equilibrio, pues de pronto se siente liberado de la carga de la "mala vivencia" arcaica de sus padres con sus propios padres. Fardo que éstos le hacían cargar y que en lo sucesivo ya no lo transfieren a él sino al o a la psicoanalista.

Sucede también que el niño haya estado de tal manera perturbado, mucho antes de la aparición de los últimos síntomas alarmantes, que tenga necesidad de un tratamiento por su propia cuenta. Aun si el terapeuta toma entonces un lugar esencial en la vida del niño, Françoise Dolto estima que jamás debe sustituir a los padres en cuanto al papel de educadores que tienen en lo cotidiano. El psicoterapeuta no está ahí sino para servir en la transferencia de las pulsiones del pasado, es decir para hacer resurgir lo que quedó oculto y causa problemas todavía en el presente, y para hacer que se produzca lo que jamás tuvo lugar en el curso del desarrollo, por no haber sido hablado y puesto en palabras. Su trabajo concierne a lo imaginario, a las fantasías, y no a la realidad. No tiene un papel reparador ni tutelar.

Es por lo que Françoise Dolto dice a los padres culpabilizados de haber apelado a una terapeuta al considerarse impotentes ante los problemas de su hijo: "Nadie podrá educar a su hijo mejor que ustedes." En efecto, son los padres los que forman el núcleo del medio social real en el que el niño vive y crece. Es pues con ellos, dos seres tal como son, con sus lazos carnales de deseo, claros o confusos, con sus dificultades, sus impotencias, sus logros y sus fracasos, con los que el niño, en el momento de la fase llamada edípica, deberá librar su sexualidad de las trampas del incesto. Lo que no podría hacer de manera completa con educadores o con un psicoanalista, salvo si ha superado la edad del incesto quedándose preso en su trampa. Podrá entonces inducir sus pulsiones genitales —marcadas por la renunciación edípica hacia los de su misma edad, en relaciones abiertas al mundo cultural y social, conservando al mismo tiempo a sus padres como interlocutores.

Tanto con los niños como con sus padres, Françoise Dolto insiste en la idea del trabajo en psicoanálisis. Hacer un análisis no tiene nada de misterioso, de inaccesible ni de vergonzoso. Simplemente es hacer un trabajo específico sobre los problemas de la propia historia. Es un acto responsable que requiere valor moral —contrariamente a la idea que se hace mucha gente de que es un recurso pasivo y complaciente, reservado a los que se rascan la barriga, que carecen de voluntad o incluso que tienen tiempo y dinero que perder.

Al contrario de lo que con frecuencia he comprobado en otras partes, el eje de la actitud de Françoise Dolto es el de jamás dejar que se olvide el sufrimiento del niño. Para ella, su trabajo consiste ante todo en encontrar lo más rápidamente posible los medios y las palabras que lo alivien y lo devuelvan a la dinámica de su desarrollo.

Este talento para anticipar al ser humano en su devenir, desde su nacimiento, le ha permitido una avanzada teórica sin precedente, en continuidad directa con Freud. Sin duda la suya es hoy en día una de las más importantes del psicoanálisis en Francia, puesto que concierne a los orígenes de lo que constituye nuestro psiquismo. Aquellos que todavía lo duden verán cómo se les despierta el más vivo apetito de investigación después de haber leído el desciframiento magistral que hace Françoise Dolto de las compulsiones, hasta entonces incomprensibles, de Gérard, un niño autista.[5]

A diferencia de muchos psicoanalistas, algunos de los cuales le reprochan el ser una "abuela simplificadora", o hasta una "curandera de niños", Françoise Dolto siempre ha tenido el deseo de comunicar lo que sabe en un lenguaje cotidiano.

Para los que piensan que basta con aplicar ciertas recetas de sentido común para "hacerle a la Dolto", la lectura de este seminario demuestra que su enseñanza, lejos de ser una simple habilidad, es una verdadera formación teórica y práctica cuya eficacia ha sido comprobada hasta entre el gran público. ¿Qué analista ha sabido sacar del autismo, o de cualquier otra patología muy grave, a muchos niños de corta edad gracias a una serie de programas de radio?[6]

[5] Véanse pp. 144 *ss.*
[6] Véanse pp. 135 *ss.*

"El niño es el padre del hombre", dijo Freud. Françoise Dolto hizo suyo desde siempre ese descubrimiento, pero ha llevado sus consecuencias mucho más lejos: su saber le viene de los niños y, a través de ella, son los niños mismos los que curan a los niños.

LOUIS CALDAGUÈS

1

UN NIÑO PUEDE SOPORTAR TODAS LAS VERDADES — ALAIN, UN NIÑO NEGADO EN SUS ORÍGENES — TODO NIÑO LLEVA EN SÍ A SUS PADRES DE NACIMIENTO — CÓMO HACER QUE SE EXPRESE UN NIÑO EN TERAPIA — SABER JUGAR CON LOS NIÑOS SIN EROTISMO — LOS BEBÉS SE COMUNICAN MUCHO MÁS ENTRE SÍ QUE CON SUS MADRES

PARTICIPANTE: ¿Qué significa que una madre se niegue a revelar a su hijo algo de su origen?

FRANÇOISE DOLTO: Es sólo que la madre cree que eso dañaría a su hijo, o que se trata de un hecho contrario a su propia ética.

Nuestro trabajo consiste en lograr que pueda tener confianza en la fuerza que su hijo tiene para soportar esa verdad. En el caso de que la madre le revele a usted todo delante de su hijo, hay que tomarlo a él como testigo y decirle por ejemplo: "¿Ves?, tu madre dice que no quiere que sepas lo que sin embargo dice delante de ti, que tu abuela era una puta. ¿Tú sabes lo que es una puta? Es una persona que gana dinero prestando su cuerpo, haciendo creer que desea que se le pida, lo que no es muy divertido. Tu pobre mamá creía que eso no estaba bien porque la gente no lo encontraba bien. Es un oficio difícil, penoso y viejo como el mundo. La madre de tu madre se ganaba la vida así. Era triste para tu mamá aunque lo que se decía de tu abuela no era cierto. Bueno, no estamos aquí para curar a tu abuela, tu madre vino por ti. Pero, mira, tu madre tuvo de todas maneras una buena mamá, una madre noble que se ganó la vida como pudo, para educarla. Sin tu abuela, tu madre no estaría aquí y no hubiera tenido el hermoso niño que eres tú."

Mire usted, nuestro trabajo es llegar a que la madre se renarcisice, cualesquiera que hayan sido sus relaciones con su madre, puesto que ella es a su vez madre.

Estamos ante un caso en que el ser es viable, la madre está ahí y sin embargo detesta en ella su relación con su propia madre, y es precisamente eso lo que le faltará al niño o lo tendrá como deuda mientras su pleito no sea desactivado mediante palabras rehabilitadoras.

P.: Justamente, sucede que hay madres o padres que no lo dicen delante del niño, sino solamente cuando él no está. Entonces, estamos atrapados.

F.D.: ¡Atrapados! En absoluto... si usted les dice a esos padres: "No se puede hacer una psicoterapia con su hijo mientras ustedes no comprendan que él debe saber la verdad el día en que se plantee la pregunta." Por otra parte, es raro que los padres no lleguen a admitirlo. Por el contrario, si entramos en su juego y nos casamos con sus fantasías culpables y desnarcisizantes, no somos ya analistas. Y aceptar no decir esa verdad al niño, significa que también nosotros pensamos que sería mala para él, por lo tanto que tampoco nosotros podemos aceptarla.

Tener tal actitud vendría a proyectar que una parte de lo que constituye ese ser en su verdad es una verdadera bomba de tiempo. Ahora bien, para el analista, cualquier prueba es un trampolín, cualquier castración es estructurante.

P.: Pero con frecuencia yo no me siento con el derecho de decirle al niño algo que los padres no desean revelarle.

F.D.: Por supuesto, ¡pero entonces no lo tome en psicoterapia! No lo puede aceptar en tratamiento cuando desde el contrato inicial usted tiene la certeza de que lo va a engañar. No obstante recuerdo un caso en que la madre, después de seis sesiones dramáticas para ella, terminó por autorizarme a decir la verdad a su hija acerca de sus orígenes, para ayudarle a salir de un estado que parecía psicótico y que después se descubrió que no era más que una neurosis histérica gravísima.

Pues bien, en ese caso, jamás la hija, una niña, planteó la cuestión de su origen. Era hija verdadera de su madre, madre soltera en la época de su nacimiento. La había depositado en la Asistencia pública, pero como "no abandonada", es decir que no sería adoptable sino hasta los trece años.

La madre, que mientras tanto se había casado y tenía dos hijos de nueve y seis años, había recuperado a su hija a instancias del marido y la pareja la había adoptado. Esta mujer no quería que la niña supiera jamás que era su verdadera hija. Y la niña no planteó la cuestión de sus orígenes ni una sola vez. Se parecían como dos gotas de agua estos dos seres, todo el mundo lo comprobaba y la pequeña estaba encantada: "¡Qué suerte que me parezca tanto a mi mamá adoptiva! —decía— por lo demás, por eso es que me escogieron, porque me parezco a mi mamá."

No la habían adoptado sino hasta los trece años, edad en que podían hacerlo, pues fue entonces cuando la madre reveló la existencia de esta hija abandonada a su marido.

P.: Alain, de once años y medio, me fue llevado en el marco de una consulta de admisión en una clínica que recibía niños hemofílicos. Padece una enfermedad de la sangre con frecuentes sangrados de nariz, pero presenta también toda una serie de fracasos escolares. Su enfermedad fue descubierta cuando tenía siete años. Su madre me dijo que Alain es hijo de un hombre al que frecuentó en el pasado pero que no lo vio más después del nacimiento del niño. Cuando éste tenía tres meses y medio, conoció al que luego se convirtió en su marido. Se embarazó de otro niño cuando Alain tenía quince meses y medio, y después de una niña que ahora tiene seis años.

Alain nunca supo quién era su verdadero padre. Me pregunto si no sería necesario tener entrevistas terapéuticas con los padres antes de admitir a Alain, porque uno de los riesgos de su situación sería mantener el secreto de familia que pesa sobre todos. ¿Qué piensa usted?

F.D.: Pero hay una cosa que falta. Es la historia de la concepción y la historia de los nueve primeros meses de Alain. Este período es de tal manera importante que se puede decir que a los nueve meses están constituidas las bases de la estructura de un niño, puesto que está próximo a caminar y a ser destetado.

Y además Alain sabe, por supuesto, que su padrastro emparentó con él al mismo tiempo que su madre, pues antes, Alain no tenía una madre: tenía solamente una mujer que era fusional con él. Después, tuvo una mujer que ha sido fusional con un hombre, luego, a partir del nacimiento del segundo hijo, Alain fue desfusionado. Desde ese momento, su madre ya no fue su hermanita.

Por otra parte, no veo ninguna dificultad, en la realidad, en contarle su historia a este niño. Él la conoce. Entonces, dígale simplemente: "Sabes, tu padre llegó a tu vida cuando tenías nueve meses, y tu madre cambió de nombre en ese momento. Todavía no ibas a la escuela, pero oíste muy bien que a tu madre se la llamaba con otro nombre que el que tenía hasta entonces." Porque, para un niño de nueve meses, las palabras con las que se califica a la madre tienen una importancia considerable.

El hecho de ser negado en su origen por su madre, hace sumamente frágil a un ser humano, puesto que al reparar eso se devuelve toda su fuerza a un niño abandonado, por ejemplo.

Un niño puede morir porque no se le proporcione su escena primaria y, por lo tanto, su orgullo de estar en el mundo. Tener padres que no han podido ir más allá de asumir un hijo hasta su nacimiento, y luego lo abandonan, no es desvalorizante; pero el niño es objeto de proyecciones desvalorizantes por parte de los demás. Casi se podría decir que están celosos de que un niño pueda vivir prescindiendo de su padre y su madre. Las personas que nos educan son padres y madres afectivos que tienen la mayor importancia en los intercambios verbales, pero no pertenecen al orden vital como los genitores. El orden vital del narcisismo primario se desempeña desde el origen y en los genes. El asunto para nosotros, los psicoanalistas, es la comunicación de la verdad de esa escena primaria que devuelve la fuerza de vivir y de comunicar.

Alain está atrancado en todo, porque su madre no quiere verlo como una auténtica simiente completa del que amó y que la traicionó. Ve a este hijo como el continuador de la traición del primero.

P.: Un niño abandonado al que le hablaba de sus padres, de su abandono y de las razones por las que lo habían dejado en una institución me dijo: "Mis padres son malos." Le respondí que no: "Puesto que te trajeron al mundo —le dije— y eso por lo menos es una prueba de amor. Fue después cuando no fueron capaces de ocuparse de ti." No supe muy bien qué otra cosa decirle.

F.D.: Antes que nada, él tenía que llegar a decirle: "Mis padres son malos." Antes de volver a espetarle algo. Yo le hubiera dicho inmediatamente: "Dibuja a tus padres malos ¡y a tu padre de nacimiento! ¿Es malo vivir? Y si no es malo vivir, puesto que ellos te dieron la vida, no son malos." Es absolutamente necesario que represente por medio de dibujos lo que para él significa "malo". Con frecuencia, malo, es un perro que representa, por ejemplo, a una madre que devora a su hijo a besos y lo muerde por largo tiempo. Sólo él puede decirle lo que es.

En todo caso, este niño es la representación de su padre y de su madre de nacimiento. Es la representación de un vivir todavía más auténtico que el de niños que para sobrevivir tienen necesidad de tener a sus verdaderos padres. Esto prueba que recibió una vitalidad tal, que fue capaz de continuar viviendo sin sus padres, mientras que muchos niños mueren de abandono.

P.: Me dejé atrapar diciéndome que quizá había algo malo en sus padres, pero no sabía muy bien cómo decírselo.

F.D.: Cuando usted es analista, no hay más que una cosa que hacer: hacer que el niño represente lo que dice de otra manera que por medio de la palabra. En el caso de Alain, después de haberle dicho: "Dibuja a tus padres de nacimiento", hubiera podido decirle: "De todas maneras, los únicos padres importantes son los que llevamos dentro, y ésos no son malos, puesto que están en ti."

P.: ¿Por qué dice usted hacerlo que represente por un medio distinto a la palabra?

F.D.: Por otra cosa que la palabra, que puede ser el dibujo, el modelado, la música.

Tuve en terapia a un niño incapaz de dibujar y de hablar. En ese momento yo tenía un piano, y le dije: "¿Podrías expresarte con música?" sabiendo que tocaba un poco en su casa. Tanto su padre como su madre hacían música, pero él se negaba a aprender por no obedecer a sus padres. En realidad, era mucho más músico que ellos. Y bien, hizo su análisis tocando en el piano todas las imágenes que le pasaban por la cabeza. Una que otra vez, yo le decía lo que sentía. Entonces, inmediatamente agregaba: "Sí, eso es", cuando era verdad para él; cuando no, seguía tocando imperturbable y yo le decía: "Ves, no entendí, pero entonces, ¿qué expresaba tu imagen?" Y al mismo tiempo que tocaba, decía: "Amarillo – rojo – cuadrado – puntiagudo." Era totalmente abstracto. Un niño muy inteligente pero pervertido en todos los niveles.

Hay otros medios de expresión humana aparte de la palabra. Ésta ha sido mancillada con frecuencia por tantas falsedades, que los niños no la pueden emplear para decir lo verdadero, puesto que, para ellos, implica mentira.

Un niño expresa por medio de gestos, posturas, dibujos, modelado o música la imagen interior de su fantasía. Todo ser humano simboliza por medio de fantasías auditivas, gustativas, olfativas, táctiles y visuales. Pero puede expresarlos de otro modo que por la palabra. Por otra parte, es lo que hacen los bebés.

En el caso del que usted hablaba, habría que haberse preguntado: "¿Qué fantasía se oculta tras el calificativo malo?" Nuestro trabajo psicoanalítico consiste siempre en hacer que el sujeto se exprese de otra manera. Creo que algunos niños, cuya lengua materna ha sido siempre portadora de engañifas, de falsedades, no pueden seguir utilizándola sin encontrarse atrapados, mediante ese lenguaje, en las proyecciones hechas sobre ellos.

"Malo" es quizá lo que ese niño ha oído siempre que dicen de él.

P.: Entonces, debí asociarlo con algo que está en mí y que concierne a la "madre mala".

F.D.: ¡Ah, ese calificativo de madre mala! Ha hecho mucho mal a la colectividad de los psicoanalistas. La madre mala no existe. Hay un nivel social en donde las madres buenas proyectan que existen malas. Pero una madre es una madre y es ante todo su hijo el que la hace madre.

¿La hace buena o mala? Pregunta absurda. Si lo malo representa lo que uno rechaza, toda madre es rechazada, por lo tanto mala. Porque la leche, uno la toma, pero también hay que rechazarla. Entonces, cuando uno la toma, es buena, miam-miam, y cuando la rechaza, no es buena, es mala, caca. Entonces, mamá es alternativamente miam-miam y caca. ¡Así es la vida! Es una mediadora de la vida y está pues atravesada por su corriente.

Entonces, si recibir es bueno, y rechazar o arrojar es malo, nadie escapa a la escisión del bien y del mal. Puesto que se trata, para todo el mundo, de recibir y de arrojar, siempre. Y mientras tanto, de sacar provecho de ello.

¿Es malo ese provecho, o no? Porque se ha dado a todo eso mucha importancia se ha terminado por llegar a una situación paradójica: mamá no tiene bastante caca de su niño qué comer, y entonces se angustia. Es pues una buena madre, que se angustia porque su hijo no le da caca, es decir lo malo. Y nadie comprende ya nada.

En otros términos más teóricos: la relación con la madre se establece mediante la satisfacción de las necesidades, acompañadas de un lenguaje de deseos emocionales, gestuales y mímicos, que el niño bebe en la fuente de su madre al mismo tiempo que su cuerpo propio se mantiene por su funcionamiento digestivo.

P.: En el caso del que hablo, es él el que dijo "malo".

F.D.: Lo dijo, pero ¿de quién lo recibió? Usted debió preguntarle: "¿Quién te lo dijo?" o "¿Cómo es? Dibújame buenos y dibújame malos."

P.: ¿Son representables por el dibujo los padres del narcisismo primario?

F.D.: Sí, son representables por un torbellino. El torbellino es el padre que vive en sí. Para que haya un torbellino tiene que haber un eje imaginario. El torbellino es una dinámica, y el eje es la vida.

P.: En las psicoterapias de niños, usted insiste mucho en el hecho de que trabaja basándose en la representación, en dibujos, de lo que atraviesa al niño. Actualmente, tengo la sensación de que cuando le pido un dibujo a un niño, lo hace para complacerme, o para que lo deje en paz. ¿Comparte usted esta sensación?

F.D.: Pero ¿por qué le pide específicamente un dibujo? No hay ninguna razón para ello. El niño que está con usted, hace lo que tiene que hacer.

P.: No obstante, se le dice al niño: "Haz un dibujo, es la regla." El niño no está ahí para hacer lo que sea. No todo se permite.

F.D.: En fin, no comprendo. ¡En ningún momento tiene que indicarle al niño lo que debe hacer! Se permite decir todo, pero no hacer todo. Y decir, significa expresarse. Un niño comprende muy bien cuando se le dice: "Puedes decir con palabras, con modelado o con dibujos." Pero no es más que un medio de expresar sus fantasías de manera diferente. Él está ahí para comunicarse con usted en relación con su problema.

P.: Sí, pero lo que yo decía estaba en relación con la utilización del dibujo como un sistema defensivo.

F.D.: Bueno, en ese sentido, todo puede ser un sistema defensivo. La palabra, por ejemplo; todo depende de la intención que se tiene al principio. Si ese niño desea o no comunicarse con usted. En efecto, con frecuencia la situación es difícil cuando los adultos imponen a un niño que se comunique con ellos.

P.: En ciertos momentos, el niño está demasiado angustiado, y se contenta con mímicas sin hacer dibujos.

F.D.: Pero las mímicas son ya el resultado de representaciones internas. ¡Es ya eso! Algunos niños llevan sus juguetes a las sesiones ¿por qué no? No se sienten ya solos, juegan con sus juguetes, es todo. Ese día, no le piden nada, y usted tampoco. Hay que tomarlo como una señal, que quizá tendrá sentido después. Por otra parte, es un poco lo que hacen las madres cuando ellas mismas están angustiadas: llevan su juguete-bebé, se lo dejan y se van. Mientras que en realidad, son ellas las que deberían hablar. No, realmente no creo que el dibujo o el modelado sean elementos impuestos, como usted dice. El psicoanálisis es la comunicación por todos los medios. Un niño que se revuelca en el suelo, por ejemplo, es una comunicación.

P.: Sí, pero entonces ¡uno realmente no sabe muy bien qué hacer al respecto!

F.D.: Qué hacer al respecto, no quiere decir nada. Lo que importa es que sienta en usted lo que produce el comportamiento del niño y le diga: "Yo siento esto así, pero no sé si es lo que tú quieres decirme. ¿Qué crees tú?"

P.: Todo el tiempo se habla de la formulación de la interpretación, pero encuentro que en la psicoterapia de niños hay todo un conjunto de elementos informales difíciles de reducir a una interpretación: la plastilina, los lápices entre los dedos, ponerse en el suelo en cuatro patas, voltear la basura, jugar con la lámpara de la mesilla, salir, entrar... ¿Cómo se siente usted en esos casos para dar una interpretación?

F.D.: Bueno, primero, no sé si lo interpretaría en ese momento. Hay que analizar el contexto. Pero en efecto es muy difícil y mucho más delicado ser psicoanalista de niños que de adultos.

P.: Realmente hay pocos intercambios sobre eso, particularmente aquí.

F.D.: ¿De qué habla usted en este momento? Bueno... Al principio de un tratamiento, lo importante consiste en definir por qué está usted listo para escuchar al niño que está ahí y decirle a su madre: "Si esto no le interesa a su hijo, será usted la que vendrá a hablar por él." Luego, observe cuidadosamente al niño. Si, por ejemplo, se precipita en el cuarto y vuelca algo, traduce un desorden interior de expresión. No es nada, en realidad, volcar un contenido. Y bien, eso es lo que usted va a traducirle. Su trabajo consiste en poner en palabras lo que él hace: "Te obligan a venir, vuelcas un contenido, es el cesto que contiene cosas, las cosas están en el suelo..." Asocie libremente con el niño y cuando haga algo que le haga pensar, dígale: "Por lo que acabas de hacer, pienso que tratas de comunicarme algo... Tú eres el que sabes lo que me quieres decir... Yo veo lo que haces y sé que es para decirme algo."

P.: Con niños muy perturbados, las sesiones realmente son cada vez más duras. ¿También a usted le sucede?

F.D.: Por supuesto. Cuanto más avanza su análisis, están en peor estado en las sesiones, cuanto más andan "esparcidos por el suelo", tanto más expresan emociones arcaicas, hasta renacer de entre las patas de las sillas, por ejemplo, donde se ocultan. Al mismo tiempo, en el exterior —en sociedad, en la escuela— están cada vez más adaptados.

El análisis progresa así, gracias al retorno de lo reprimido del niño cuyos modos de expresión no se toleran en sociedad y que tiene necesidad de expresar con usted. Esto le ayuda a vivir y a conservar su autenticidad interior, que quizá consiste en guardar en sí cosas que precisamente lo han trastornado. No sabemos nada y estamos ahí para observar, sentir y soportar la transferencia. Ésa es la razón por la que es indispensable el pago simbólico. Permite darse cuenta de si un niño desea realmente venir, si viene para ofrecerse una buena erotización, o si viene para trabajar algo.

Cuando un niño se niega, por ejemplo, a llevar su pago, pero desea tener su sesión, puede decirle: "La próxima vez me pagarás con dos guijarros en lugar de uno." Él adquiere una deuda de guijarros. O por ejemplo: "Hoy tienes una deuda de dos guijarros, dibújamela." Igual que le haría reconocer su adeudo por escrito a un adulto.

Si se niega, dígale: "Mira, debes traerme dos guijarros, sin eso no puedo ya continuar escuchando tus penas. Si verdaderamente quieres regresar a contarme tus penas, regresarás. Pero hoy no puedo escucharte, porque para desempeñar mi oficio quiero tener guijarros, sin eso no lo hago."

Ésa es realmente la prueba de que él es libre de no hablarle, e igualmente usted, de no desempeñar su oficio de escucharlo. Es un momento decisivo en el tratamiento; si no quiere volver, no volverá y usted continuará el trabajo con la persona ansiosa por su desarrollo. El niño siempre tiene razón.

P.: ¿Es necesario poner a disposición del niño el producto de una sesión durante la sesión siguiente, por ejemplo un dibujo inconcluso?

F.D.: ¿Cómo lo siente usted?

P.: Yo estaba ahí; el niño tomó una hoja diciendo: "No terminé mi dibujo", e hizo exactamente el mismo. Entonces me planteé la pregunta. En principio ¿qué hay que hacer?

F.D.: No sé en lo más mínimo. Depende de cada niño. No sabemos si el producto es un hacer-caca o si es una fantasía que ha querido representar.

P. (hombre): ¿Y quién dice que su dibujo no está terminado?

F.D.: Sí. Él dice que no está terminado, pero mientras que estaba con usted terminó de traducir lo que tenía que traducir, y de ir hasta donde podía ir. De todas maneras eso no está nunca terminado. Pero, le repito, lo importante ahí no es para nada el dibujo, es lo que expresa en él. A veces sucede, claro, que un niño vuelva a tomar sus dibujos. Pero ocho días después está verdaderamente aburrido, es una repetición de sí mismo.

Entonces, lo que le sugiero que le diga es algo como: "Puesto que estás vivo, cada vez tienes un dibujo nuevo en ti. Y como nunca llegas a terminarlo ¿qué es lo que, aparte de tu dibujo, jamás terminas cuando estás con alguien?"

¿Tal vez quiera retardar el momento de expresarse con usted? Lo que hay que analizar es lo que repite. ¿Que lo destetaron demasiado pronto? ¿Lo parieron demasiado pronto? No lo sé. Pero el análisis consiste en investigar lo que se repite, y no en decirle: "Vas a hacer como si; vas a poder continuar; vas a poder continuar la siguiente vez, etc." No porque se ha destetado a un niño demasiado pronto se le va a volver a dar a los diez años el biberón que no tuvo, lo que lo hizo raquítico.

P.: En la medida en que un niño me pida que juegue con él ¿cuál debe ser mi posición?

F.D.: Si es él quien hace el juego ¿a qué quiere jugar?

P.: Es muy frecuente ese juego con dos letras y guiones.

F.D.: Una letra es usted, la otra es él, y establece un guión entre los dos.

P.: O también plantea adivinanzas: "¿Qué es lo que es verde? ¿Quién se agarra de los árboles?" ¿Debo responder?

F.D.: Dígale: "¿Qué responderé? No estoy aquí para jugar."

P.: Dice: "No quieres responder."

F.D.: "Claro que no quiero responder, no me pagas para que te responda, ni yo te pago para que me respondas. Se me paga para escuchar lo que no anda bien dentro de ti. ¿Entonces tú no juegas con nadie?" Con frecuencia, los niños toman una muñeca y juegan desempeñando los dos personajes, la madre y el niño.

P.: Es cierto, terminan por jugar solos, pero eso produce estrés.

F.D.: El estrés es resistir a la erotización. Sin embargo, hay juegos de comerciantes que son muy importantes, puesto que son los juegos de lo oral y de lo anal. Si, por ejemplo, una niñita le dice: "Yo seré el carnicero..." —corresponde a eso, ya que en realidad está tapada...—* "y tú serás la clienta. Señora ¿qué desea?", dice. Y yo, como personaje de Molière, muy bajo: "¿Qué te digo yo?" Ella: "Me dirás que necesitas dos rebanadas de esto." Entonces usted repite en un tono monocorde: "Quisiera dos rebanadas de esto." Exactamente lo que ella le diga, sin agregar nada de su afecto, y luego se dirige otra vez muy quedo y como en un aparte a la niña: "¿Qué digo yo, qué diría la clienta?" Aunque la niña proteste, diciendo por ejemplo: "¡Pero tú eres la que haces de clienta y la que sabes!" Usted le explica. "Pero soy una clienta tonta, así que tú me dices lo que debo hacer." Poco a poco la situación evoluciona. Finalmente es ella la que hace el juego utilizándola a usted, a la analista, para expresar lo que significa ese juego consigo misma. Siempre es un juego oral y anal. Con frecuencia, falta el pago. La vendedora está contenta por vender sus productos, pero la clienta se le va sin pagar.

Muchos niños no le dicen que hay que pagar. Entonces a usted le corresponde decir después de un rato: "¿Tú crees que es así con los verdaderos comerciantes?" Al introducir el pago y el valor del dinero, usted enseña al niño que no se obtiene nada por nada. Es un juego que se abre a otra cosa. Recuerdo el caso de una niñita que me decía: "La clienta tomaba siempre tal número de porciones." Y yo le preguntaba: "Pero ¿por qué toma tal número de porciones? ¿Para quién?" Entonces me respondía: "¡Es para su marido!" Y yo replicaba: "¿Cuántos hijos tiene?" Y siempre había una porción faltante para un hijo.

En realidad, hacía desempeñar a la clienta el papel de su madre. Eran cuatro hijos en la vida real, y nunca tomaba sino para tres. Era a la clienta, transferida a mí, a la que daba la responsabilidad de no querer que viviera el último hermanito.

Es el punto de partida de una asociación subyacente que es necesario descifrar, o bien es una negación de la realidad. Es siempre el mismo trabajo, mientras la realidad obligue a un sujeto a bloquear su vida imaginaria. No puede ir más lejos y se convierte en un ser sometido a la voluntad de los educadores, sin poder seguir estando verdaderamente vivo.

* Juego de palabras en francés: *boucher* (s) = carnicero; *boucher* (v) = tapar, obstruir. [T.]

Pero, si su imaginario se infla y niega la realidad, tampoco puede adaptarse a la vida cotidiana, la que a la vez demanda el sentido de la realidad y la preservación de una vida imaginaria enrollada a su alrededor.

Nuestro trabajo consiste siempre en poner a disposición del niño expresiones simbólicas fáciles de comprender, para permitirle encontrar otros seres humanos con los cuales intercambiar y comunicarse, lo que no es el caso con los que le rodean.

Por ejemplo, un bebé no puede comunicar a su madre todo lo que quisiera.

Tenemos la prueba de ello en la Casa Verde,[1] que es un lugar para la socialización de los niños.

Los bebés se comunican entre sí mucho más de lo que lo hacen con sus madres ¡y con qué placer! Tienen necesidad de esta comunicación que les es específica, pues están conectados a las mismas frecuencias auditivas y sin duda a las mismas fantasías. Hemos hecho numerosas observaciones de madres celosas de sus hijos de tres meses, todos juntos por el suelo como ranas, canturreándose unos a los otros.

Es pasmoso: tan pronto una madre trata de entrar en el circuito, los bebés se callan instantáneamente. A su nivel de evolución humana, es la prueba de que entre ellos, tienen medios de comunicarse sus fantasías, lo que sus madres les impiden ya, sin saberlo. Puesto que ellas les demandan realidad, mientras que ellos tienen necesidad de comunicar fantasías. O bien ellas les imponen sus propias fantasías, que no lo son de niños con otros niños.

En estos juegos de comerciantes, en estos juegos de complicidad ¿qué busca el niño? Busca a alguien a su nivel. Toca a nosotros situarnos ahí, pero sobre todo no aportar nuestras propias fantasías. Debemos seguir siendo el analista que investiga en dónde niega el niño la realidad, o por el contrario, en dónde está demasiado en la realidad, lo que le obliga a ser sádico, como lo es el mundo a su alrededor.

P.: ¡Por eso es que usted dice que se debe empezar por aprender nuestro oficio con adultos y no con niños! Desgraciadamente, por lo general es a la inversa.

[1] 13, rue Meilhac, París, 75015.

F.D.: Desafortunadamente, sí. Pero es un efecto social que se debe a que los hijos son los detectores de sus padres. Claro que algunos niños tienen problemas que les son propios, pero que son fuertemente aumentados por los de sus padres.

P.: En el fondo ¿cómo definiría usted nuestro papel de psicoterapeutas de niños?

F.D.: Nuestro papel consiste en justificar el deseo que se expresa y en investigar lo que el niño repite de ese deseo que no ha podido expresar de manera regular con los que le rodean. También debemos volver a encontrar los afectos que circundan los deseos que se han reprimido alrededor de un superyó impuesto por el ambiente educativo. Las pulsiones de deseo cuyos afectos no han podido expresarse, ya sea directamente o de manera desviada, trastornan el funcionamiento somático e ideatorio del niño y provocan angustia. Es exactamente el esquema de Freud en su libro *Inhibición, síntoma y angustia.* La inhibición en un niño puede llegar hasta a detener sus funciones vitales y su crecimiento. Nuestro papel consiste en restablecer la circulación entre todo eso. Pero indudablemente no en normalizar, lo que no quiere decir nada.

Consiste sobre todo en permitir que se expresen, y también que coexistan en buen entendimiento, ese imaginario y esa realidad que son una contradicción que todos tenemos que asumir y que asumimos justamente por la vida simbólica, que no es solamente verbalizada.

Todo es lenguaje.

2

EL HIJO, SÍNTOMA DE LOS PADRES — LOS ERRORES DE LOS JÓVENES PSICOANALISTAS — LOS HIJOS ADOPTIVOS HACEN TODO POR PARECERSE FÍSICAMENTE A SUS PADRES — EL NIÑO, TERAPEUTA FAMILIAR — CÓMO MANEJAR UNA PRIMERA ENTREVISTA

P.: Cuando un niño es el síntoma de sus padres ¿se le debe tomar en terapia y enviar a sus padres a otros psicoanalistas o iniciar un tratamiento con cada uno de ellos?

F.D.: Los padres deben ver a otros terapeutas, si no, en el inconsciente del psicoanalista del niño los padres se encontrarían como si fueran gemelos de su hijo, lo que sería muy malo.

Si esos padres tienen por su parte necesidad de tratamiento, quiere decir que al traer a ese hijo al mundo lo perturbaron completamente al transferirle su propia vivencia arcaica. Es una relación de transferencia en lugar de una relación auténtica. En ese caso, como los padres de la realidad desempeñan una relación de objeto falseado por la repetición de su pasado en el hijo, es necesario que el psicoanalista los escuche en interés del niño para saber a qué proyecciones debe enfrentarse el chico, de manera regular, en su educación.

Pero el psicoanalista jamás debe ocuparse de la educación de hoy. Tiene que dedicarse siempre a las pulsiones del pasado, a las imágenes del cuerpo de antaño. El terapeuta está ahí solamente para ayudar a la transferencia del pasado y para "catartizar" la represión actual.

Por supuesto, se trata de hacer revivir lo reprimido en el paciente, eventualmente de "catartizarlo" y permitir así que se ponga en palabras la agresividad que no se puede sublimar, lo que quita la inhibición de las demás pulsiones en lo que tienen de sublimable, fuera del marco del tratamiento, en la vida real.

Es por eso que, al constituir los padres el entorno real del niño, pueden tener necesidad de ayuda para hacer frente a la recuperación de la salud de su hijo. De hecho, la desaparición de los problemas de un niño afecta a esos padres que han pasado años sin darse cuenta del problema que ellos mismos crearon en su hijo, colocándolos en un extraño estado de sufrimiento recuperado, ya sea físico o en sus relaciones.

Claro que por su parte, usted no puede decir a los padres, en una primera sesión, que su hijo es su síntoma. Ellos van de buena fe a llevar a un niño que tanto ellos mismos como la sociedad que lo rodea consideran trastornado, porque importuna en la escuela o porque tiene en su cuerpo problemas funcionales: de lenguaje, de motricidad, anorexia, encopresis, enuresis, tartamudez, etc. El papel del psicoanalista es, pues, recibir primero a los padres, largamente, sobre todo la primera vez. Luego a los padres y a su hijo, permitiendo que unos y otro se expresen. Por último al niño, con uno y otro de sus padres, alternativamente.[1]

Si realmente se trata de un hijo-síntoma, el hecho se aclarará por sí mismo. Ya sea que el niño no se interese en las entrevistas y salga del cuarto, permitiendo a sus padres que tomen conciencia de sus propias dificultades, o que el niño eche a sus padres del cuarto, que, confundidos, necesitarán ayuda para soportar ese repentino destete y la independencia que su hijo manifiesta respecto a ellos.

Es por lo que digo que se necesita ser psicoanalista de adultos antes que de niños.

Si ése no es el caso, sólo puede comprenderse que el sufrimiento proyectado hacia un niño desde su nacimiento y que lo ha convertido en el síntoma de sus padres, implique el tratamiento de los padres que, por otra parte, es en realidad lo que llegan pidiendo a través de su hijo. Es sorprendente oír decir a muchos psicoterapeutas de niños, no psicoanalistas de adultos: "¡Pobre niño, con una madre o un padre así!" O incluso: "Hay que librar a este niño de esa madre." O bien: "Ese hombre no es un padre", etcétera.

Expresan una transferencia negativa masiva hacia los pa-

[1] Hablo sobre todo de niños menores de 7 años.

dres, lo que traduce su propia angustia de terapeuta, y por lo tanto su imposibilidad de trabajar con esa familia.

Los poderes públicos, quiero decir las personas que los representan, no son psicoanalistas, y por eso es que han creado consultorios para niños, pensando que un niño puede ser curado de su incapacidad para adaptarse a la sociedad sin sus padres. De ahí los callejones sin salida en que se encuentran los consultorios en los que en realidad no se puede curar a los niños, aunque hayan sido hechos para ellos.

Es tanto más curioso que la ley haga a los padres responsables de sus hijos durante más tiempo que antes: puesto que a los jóvenes no se les permite trabajar sino hasta los dieciséis años por lo menos, y que no haya para ellos ningún medio de escapar a un eventual clima patológico familiar sin ser delincuentes.

En cuanto a separar al hijo de sus padres por una autoridad superior, es decir, por imposición o por pérdida de un derecho de los padres, los efectos secundarios en su vida y en la de sus descendientes son siempre gravísimos.

Son los padres y los hijos, ayudados junta y separadamente, cada uno por sí mismo, los que pueden comprender la necesidad de separarse, beneficiándose de la ayuda social a la que pueden recurrir por su propia voluntad, apoyados por terapeutas. Pero nunca debe ser por decisión de una persona ajena al grupo familiar.

Me gustaría volver sobre eso que les decía, a propósito de la transferencia negativa de muchos terapeutas de niños, acerca de lo que ellos llaman malos padres.

Voy a tomar un ejemplo para ilustrarlo mejor. Cuando un niño llega a la sesión con su cochecito diciéndole que está roto, o con su muñeca diciéndole: "Me molesta todo el tiempo, se hace pipí en la cama, muerde a todo el mundo, nunca quiere dormir, nunca comer", vaya usted a cuidar del auto o la muñeca y a decir a los padres de ese niño: "¡Cómprenle otro auto u otra muñeca, y puesto que este niño es incapaz de ocuparse de ellos, vamos a confiar estos juguetes a otro niño!"

Eso es más o menos, llevado a lo absurdo, en lo que se resume la actitud llena de buenas intenciones de esos terapeutas. Lo anterior es cierto para niños hasta los seis o siete años, enfermos de las proyecciones de sus padres neuróticos, psicóticos o que han vuelto a ser célibes, enemigos uno del otro mediante su hijo.

Después de los siete u ocho años, luego de cierto número de entrevistas con los padres y con el niño, uno se da cuenta de si este último desea ayuda para él independientemente de los padres. Éstos, con motivo de sus entrevistas con el psicoanalista, que debe ser tan positivo con ellos como con el niño, a menudo se vuelven conscientes de su propia necesidad de ayuda. El psicoanalista debe entonces hacerles comprender que no puede tomar en tratamiento más que a un solo miembro de la familia, pues le es imposible curar al mismo tiempo a varias personas de la misma familia.

Es posible, si el niño solo decide curarse, establecer un contrato de tratamiento con él aunque sus padres no se hayan decidido todavía a hacer su propio psicoanálisis: en esas condiciones, el niño puede hacer solo un trabajo personal. Las repercusiones de tal trabajo, si el niño encuentra su lugar en la sociedad, tendrán un efecto liberador para sus padres. Pero con sacudidas de angustia.

Es entonces cuando el psicoanalista debe ser humano y no tener una actitud rígida de exclusión radical de los padres. Las dificultades secundarias, psicológicas o caracteriales producidas en los padres por el tratamiento del niño, le incitarán, por otra parte, a pedir él mismo a su terapeuta que responda a la solicitud de entrevista de sus padres.

Es el equivalente de las reuniones solicitadas en las instituciones que tienen a su cargo niños en terapia.

No se trata entonces de recibir a los padres sin la presencia del niño; pero nada impide recibirlos en su presencia y escuchar lo que tengan que decir. En estas reuniones familiares los padres toman conciencia de las transformaciones positivas de su hijo, pero les hace sufrir. O se dan cuenta de la ayuda que espera de ellos y que no le pueden dar.

El psicoanalista refleja lo que se dicen unos a otros y abre así una comunicación que puede prolongarse en familia fuera de su presencia. Este punto es importante, pues cuando se celebra un contrato terapéutico con la aquiescencia de los padres entre un niño y un terapeuta,[2] muchos niños y muchos padres llegan a no hablarse. Como si el psicoanalista les hubiera quitado su lugar de educadores.

En el transcurso de estas reuniones, la realidad actual es puesta enteramente en manos de los padres por el terapeuta. (En el momento de establecerse el contrato con el niño, los padres no habrían estado en condiciones de aprehender esta realidad.)

Se repite a los padres que son ellos los educadores y que siguen siendo totalmente libres en sus actitudes y en sus opiniones frente al niño.

Realmente la multiplicación de consultorios de orientación infantil hace creer a los padres que una terapia remplaza a la educación. Toca a nosotros, los psicoanalistas, restablecer las cosas y no desempeñar, si se trata de la cura de un niño, un papel de consejero pedagógico o de educador con los padres. Preciso que hablo aquí de niños mayores de siete u ocho años y que personalmente han asumido su contrato de tratamiento psicoanalítico.

A veces un incidente en la transferencia provoca en algunos niños el olvido de las condiciones del contrato, no obstante estar claramente manifestadas frente a él y sus padres al principio del tratamiento.

Las reacciones negativas de los padres y su angustia, al provocar la necesidad de esas reuniones, proceden de que el niño les hace cargar la parte negativa de la transferencia que él no lleva a la sesión.

Cuántos padres, con motivo de esas reuniones de síntesis, nos dicen que su hijo no deja de exclamar cada vez que le sucede algo desagradable en la casa: "¡Se lo diré a mi psicoanalista!" En ese momento, uno lo percibe y comprende que los padres se sientan inhibidos en sus reacciones frente al niño, a causa de esa manifestación amenazante y fantasiosa.

Tengamos cuidado con los niños en cuyas transferencias de seducción quisieran hacernos tomar el lugar fantaseado de los padres. Pero es muy diferente de las transferencias de hom-

2 Este contrato implica el secreto profesional de lo que el niño dice al psicoanalista y la reserva de los padres con respecto a lo que sucede en las sesiones.

bres y mujeres casados, que se sirven de la fantasía de su relación con nosotros, su terapeuta, para no tener relaciones con su cónyuge en la realidad, o hasta para romper con su pareja en nombre del amor por su psicoanalista.

Tanto con los niños como con los adultos, y quizá todavía más con los primeros por la ausencia de realización sexual genital necesaria al cuerpo, permanezcamos vigilantes para que no se instale la perversión en las relaciones familiares en nombre de la transferencia. Ni tampoco la perversión de la relación con el psicoanalista.

Otro problema más que no hay que dejar pasar, cuando escuche analíticamente a los padres, es el posible parecido del niño con gente que los padres no quieren en la realidad. Será muy importante verbalizárselo al niño: "Te pareces a tu tía Fulana, a la que tu madre no puede ver ni en pintura. Así que tienes que superar esa desventaja. Tienes los ojos, un mechón, o la cara como ella." Una vez puesto todo esto en palabras, se vuelve realidad y los niños lo encuentran muy bien y se desenvuelven con ello. Mientras que si permanece no dicho, los niños no se sienten ellos mismos, pues todo un aspecto de ellos desaparece al parecerse a algo del cuerpo de otro, a quien, por razones afectivas, la madre no puede soportar.

En los hijos adoptivos, esto sucede de manera inconsciente: tienen que superar la desventaja de no ser hijos de sangre, como se dice, de sus padres. Así que hacen todo por parecerse a ellos, especialmente cuando son pequeños.

Un pequeñito que vi recientemente me dijo: "Como yo no estuve en el vientre de mi madre, ella quiere que me parezca todavía más a mi padre, puesto que lo ama." Estaba en pleno Edipo y muy celoso, pero de todos modos se creía todo. Se parecía a su padre para rivalizar con él y poseer a su madre. Todas las imitaciones por medio de objetos parciales eran buenas: todo lo que podía, los tics, las manías, etc. Hasta el día en que el psicoanalista le hizo notar que parecía que creía que su padre adoptivo era su padre de nacimiento. El niño dijo solamente: "Bueno, si eso es cierto, no tengo necesidad de tener tics como él."

Cuando se dio cuenta de que no valía la pena rivalizar así, todo cambió.

La resolución del Edipo, para cada niño, ya sea hijo de sangre o no, consiste en asumir su identidad renunciando a la identificación con el objeto de placer y de deseo con uno y otro de los padres tutelares.

El amor de los padres adoptivos por su hijo, que no está "guardado" por el saber que es carne de su carne, puede atrapar más todavía al niño. Los sentimientos filiales arcaicos de los padres frente a sus propios genitores se viven en el transcurso de la primera infancia de su hijo adoptivo, de la misma manera que los hubieran vivido con un hijo engendrado por ellos. Todo es fantasía.

La exigencia inconsciente del hijo adoptivo, de ser todavía más carnal, más visiblemente su hijo de lo que lo hubiera sido con padres de nacimiento, encuentra su respaldo en los padres adoptivos que ponen toda su esperanza en ese hijo, destinado a perpetuar su nombre y a hacer fructificar el amor y los esfuerzos hechos por él.

La edad difícil, como se dice, parece todavía más difícil cuando se trata de la de un hijo adoptivo y se le puede culpabilizar por ello todavía más.

Un hijo propio es un hijo de las necesidades de los padres, pero a veces no de sus deseos, por lo menos conscientes. Puede ser un hijo de brama del padre y de sumisión de la madre, pero en el caso de un hijo adoptivo, los padres no pueden negarse que es un hijo elegido y deseado mucho tiempo por ellos antes de que la sociedad los hubiera satisfecho.

Desde su entrada en la pareja, el hijo adoptivo toma un lugar tan grande que en el momento de desprenderse de su familia adoptiva de nuevo se culpabiliza, mucho más que si fuera un hijo carnal.

Las palabras del decálogo, "Honrarás a tu padre y a tu madre", son muy difíciles de admitir, pues están totalmente en contradicción con el amor por los padres, el amor que vuelve dependiente. Honrar a sus padres, es llegar a su plena estatura, y triunfar en la vida en su nombre, todavía mejor de lo que ellos lo hicieron. Este precepto ético está en el corazón de cada uno, haya o no sido instruido al respecto, y con frecuencia está en contradicción con lo que cada uno de nosotros cree que debe a sus padres, a causa de nuestro amor infantil de dependencia que no llegamos a superar.

La ayuda a los padres ancianos, cuando la vejez los hace incapaces de bastarse a sí mismos, es también en el corazón de cada uno una respuesta a la ayuda que ellos nos dieron en el transcurso de nuestra infancia. También ahí se trata de ver que con mucha frecuencia confundimos eso con el amor de dependencia, tan cercano al odio, cuando este amor nos ha obstruido el acceso a nuestra identidad.

En suma, siempre la trampa de lo pregenital que se vuelve a encontrar en lo posgenital, quiero decir, la vejez.

Último problema que merece señalarse: puede suceder también en el transcurso de un tratamiento que un niño les diga: "Tú serás mi mamá." En ese caso, respóndale rotundamente: "¿Tu mamá de cuándo?" En realidad, puede transferir la mamá de cuando tenía dos o tres años, y no la mamá de hoy, puesto que todos los días ha hecho morir a su madre, para resucitarla a la mañana siguiente, tal como a sí mismo, por otra parte. La mamá del pasado está muerta. Puede pues transferirla a otro. Pero la de hoy está viva, es pues con ella con quien hay que manejarse.

P.: Vuelvo a las desventajas a las que usted hacía alusión hace un momento. No siempre se resumen, desgraciadamente, en un mechón de pelo. Pienso en una niña de ocho años, Sofía, a la que tengo en terapia desde hace dieciocho meses y que está aplastada por sus dos abuelas. Sofía, hasta los dieciocho meses, es decir hasta que nació el segundo y tenía una semana, fue confiada a su abuela materna por la joven pareja. La madre describe a la abuela como una persona extravagante y un poco loca.

Cuando el asunto se complica, es cuando los padres de Sofía la encuentran igualmente parecida a su abuela paterna, pero en lo que tiene de menos bueno. Como ella, Sofía parece poco afectuosa, se desenvuelve sola y no se apega a nadie. Veo a esta niña doblarse bajo el doble fardo de sus abuelas. Entonces insisto con los padres diciéndoles: "¡Pero bueno, su padre y su madre son ustedes!" ¿Qué puedo hacer yo de eficaz por Sofía?

F.D.: Si la niña fue confiada a esa abuela materna, la madre que Sofía introyectó para convertirse poco a poco en lo que es, es esa abuela materna. Y eso no es por casualidad. Es por la fijación no liquidada de su madre, nieta, y de su padre, nieto, con sus respectivas madres, las abuelas de Sofía.

En efecto, para poder desprenderse de esa fijación, ambos padres han utilizado la técnica del lagarto que, arrinconado, deja su cola para poderse escapar. Con mucha frecuencia uno deja a sus primeros hijos a su madre para poder llevar su vida de pareja joven, sin el riesgo de que la madre esté demasiado celosa y se ponga a indagar todo lo que hacen los jóvenes esposos. Así que, para que esté más tranquila, se le mete un chicle en la boca, y una misma puede finalmente librarse de ella.

P.: Pero si entiendo bien ¿cuando uno ha sufrido con su propia madre, le entrega a su hijo aun a sabiendas de que también lo hará sufrir?

F.D.: De hecho, no es tan claro así, sino que uno siente lástima por ella. Los hijos son los psicoterapeutas de sus padres: para que nos permita vivir ¡démosle una cantimplora para la sed! Entonces se le deja al primero. Está tan celosa de que su hija tenga un bebé...

¡Cuántas madres menopáusicas son unas arpías con su hija embarazada! Entonces la joven madre se hace el siguiente razonamiento: mi madre me va a servir de nodriza gratuita y además va a ocuparse del niño que la va a calmar, y mientras yo puedo estar tranquila con mi marido.

No se puede decir que sea malo. Si se pone en palabras, se puede arreglar. El niño saca provecho todos los días de tener esa abuela, sólo que su relación es erótica. Es hetero u homosexual, según se trate de una niña confiada a su abuela o a su abuelo. En este último caso, es una relación incendiaria, erótica, y por eso es malo para la criatura.

En el caso de Sofía, la abuela no es tan loca, sino que ha vivido algo erótico con Sofía, y creo que toca a la joven pareja reflexionar acerca de la situación y hablar a su hija. Y hablar con usted también, naturalmente. Usted podría decir a Sofía, por ejemplo: "Mira, tu madre te encuentra parecida a su madre. Pero después de todo, ella también se parece puesto que es su hija y sin embargo ha llegado a ser una persona estupenda. En cuanto a ti, te pareces sobre todo a ti misma, y también a tu padre y a la familia de tu padre." Creo que hay que librar a los niños de lo que oyen, mediante las palabras. Así, su fardo es solamente simbólico, y por medio de palabras es como uno les quita ese peso.

Las palabras son lo más liberador que hay; pero también lo más mortífero. También mediante las palabras se puede hacer más pesado el fardo simbólico.

Pero la situación, en el caso de Sofía, es la posesividad de sus abuelas. Los padres de Sofía se la reprochan, pero como quiera que sea esto les ha permitido madurar, ya que fueron padres demasiado pronto. No hubieran podido asumir completamente sus responsabilidades, ni soportar la agresividad de sus respectivas madres, si hubieran confiado el bebé a otra persona, por una paga. Se necesitó que la abuela materna se pagara a sí misma con el placer de identificarse con una mujer joven, su hija, secuestrándole parcialmente a Sofía, es decir, al hijo que podía fantasear que tenía con su yerno.

En el fondo, se pagaba la deuda que todo padre inculca a su hijo: la de los sacrificios de libertad que su educación le impone.

P.: Me gustaría que nos hablara más de esas primeras sesiones determinantes para explicar bien nuestro papel.

F.D.: En efecto, es importante lograr que tanto los pacientes como los padres de los niños comprendan bien lo que no pueden esperar de nosotros. Al ir a ver a un psicoterapeuta, con frecuencia los padres tienden a tomarlo por un profesor, por lo tanto a aprender su lección de psicoterapia, o su lección, punto. O también lo toman por un médico de tipo particular, que trata de corregir un síntoma que les angustia de manera imaginaria o real, porque es una desventaja para la integración de su hijo a la sociedad. Es evidente que nuestro papel consiste en hacerles comprender que se trata de algo completamente distinto al cuerpo de ese niño y a la relación de los demás con su cuerpo.

Nosotros no estamos pendientes del comportamiento del cuerpo, ni de sus problemas, aunque éstos hayan sido reconocidos como problemas físicos y curados como tales por un médico. Éste no es nuestro campo de atención ni nuestra longitud de onda.

A veces uno ve psicoanalistas, sobre todo jóvenes, que desean que los padres supriman los medicamentos a un niño, embrutecido por toda una farmacopea. Quizá sea malo para ese niño el no entrar en contacto con otros por ese muro de algodón medicamentoso, pero nuestro papel no es hablar de eso. Nuestra actitud concierne únicamente al ser simbólico. Es nuestra castración de analistas.

Por otra parte, algunos niños tienen realmente necesidad de medicamentos, su cuerpo tiene una necesidad veterinaria de ayuda para sobrevivir.

Recuerdo haber tenido en análisis a una mujer pediatra, especialista en el tratamiento de niños epilépticos verdaderos, cuya actitud frente a los niños cambió durante la curación.

En adelante los hizo totalmente responsables de su tratamiento, a partir de los cinco o seis años. Dice delante de los padres: "Ustedes no se van a inmiscuir en el tratamiento de su hijo. Si él quiere curarse, voy a arreglar con él el problema de los medicamentos." Solamente les pide a los padres que acepten que el niño pueda venir a verla cada vez que lo desee, o que la pueda telefonear. "Si sientes que deseas disminuir una dosis –le dice– puedes advertírmelo por teléfono. Te diré si es o no el momento oportuno. Si ya lo has hecho, y estás inquieto, puedes venir a verme. Sólo una cosa te pido: nunca aumentes tu dosis tú solo."

Claro que no cobra siempre la consulta. Tiene un acuerdo con la seguridad social.

Ha obtenido resultados extraordinarios. "Llego a prescribir el mínimo necesario –me dice– porque el niño es perfectamente capaz de decir lo que siente, si las dosis lo molestan en lugar de sostenerlo." Tal técnica le ha enseñado mucho sobre los efectos aleatorios de los medicamentos según los sujetos.

Es un gran paso, justamente, establecer en los padres una

castración entre las necesidades —los medicamentos corresponden a una necesidad veterinaria— y los deseos.

Esta mujer comprendió que el problema era dar a un ser humano la responsabilidad de su cuerpo; tenía la técnica de alguien que conoce los problemas y los medicamentos. Se guarda de hacer psicoterapias en el sentido clásico, y sin embargo su manera de actuar, que permite al niño estar al pendiente de sí mismo y de sus angustias, es otra forma de terapia.

La impotencia de muchos médicos ante casos que no son orgánicos, con frecuencia se traduce de manera sorprendente. Por ejemplo, pienso en muchos niños autistas, atiborrados por su médico de medicamentos embrutecedores, aunque sus exámenes no habían revelado nada orgánico.

He comprobado lo mismo con niños que no son sordos pero que los médicos los tratan como tales porque se niegan a oír. A partir del momento en que se establece una verdadera comunicación con un terapeuta, esos niños se arrancan los aparatos.

P.: ¿Podría darnos algunos consejos relativos a la especificidad de nuestro trabajo de psicoanalistas en una institución?

F.D.: Realmente es un problema ser psicoanalista en una institución. Constantemente se debe recordar que su trabajo consiste en hacer que el sujeto llegue a sí mismo y ayudarlo a encontrarse en sus contradicciones. A partir de lo cual podrá fabricarse una unidad interior que le permita hablar en su nombre, dondequiera que se encuentre, aunque sea de una manera que no les guste, por ejemplo, a los que lo rodean.

Con mucha frecuencia, el que se envíe a un niño a un CMPP[3] porque su manera de comportarse molesta en las instituciones o a su familia, no significa que sea un ser en desorden. Más que nada tiene necesidad de apoyo para aprender a no experimentar las proyecciones de los demás y a construirse a sí mismo —enraizado en la escena primaria de su concepción, protegiendo su narcisismo primario amenazado de disociación

[3] Centro médico psicopedagógico.

si cede ante las órdenes de los que le piden que actúe como un títere.

Esas órdenes están empañadas por valores afectivos de los que debemos ayudar a liberarse al niño. De hecho, no hay otros valores más que los de la vida. Y puesto que ese niño encontró la suficiente fuerza para vivir hasta que usted lo encontrara, no hay razón para que no continúe con su apoyo.

3

LAS DIFERENTES CASTRACIONES I: UNA CASTRACIÓN QUE ES UNA FRUSTRACIÓN NO ES YA SIMBOLÍGENA — KATIA, UNA PEQUEÑA INVÁLIDA QUE NO HABÍA RECIBIDO NINGUNA CASTRACIÓN (SESIÓN ÍNTEGRA)

P.: A menudo dice usted que el tratamiento psicoanalítico consiste en aportar las diferentes castraciones: orales, anales y genitales. ¿Qué entiende usted exactamente por "aportar las castraciones"?

F.D.: La castración, ya sea que concierna a las pulsiones orales, anales o genitales, consiste en dar a un niño los medios de establecer la diferencia entre lo imaginario y la realidad autorizada por la ley, y esto, en las diferentes etapas precitadas.

La castración oral, por ejemplo, consiste en volver a un niño independiente de las opiniones de su madre, es decir en permitir al niño que juzgue por sí mismo si está de acuerdo ("si él sí") en ejecutar el acto que implica la opinión de su madre o de alguna otra persona.

Por otra parte, casi siempre vamos a provocar una castración oral a un niño cuya madre no fue ella misma castrada en ese nivel. Cuando una madre les dice por ejemplo: "Mi hijo es desobediente, basta con que le diga algo para que haga lo contrario", con frecuencia se sobrentiende que el niño expresa un deseo que le es propio, y conforme a sus fantasías. Ese deseo, a menudo es perfectamente realizable pero, de hecho, la madre manifiesta en sus órdenes el deseo de ver a su hijo realizar las fantasías de ella. Ésa es la razón por la que ese tipo de madre reprocha sin cesar a su hijo que no siga sus órdenes y lo culpe siempre. Quiere que su opinión sea considerada una realidad que no debe de ser juzgada por el niño.

Tomemos el siguiente ejemplo de castración oral: en el transcurso de una sesión un niño hizo un dibujo que describió como explosivo. "Ese dibujo no hay que tocarlo porque va a hacer estallar la casa", dijo al terapeuta. "Lo voy a poner ahí y tú no lo vas a tocar." Después el niño se fue. En la siguiente sesión, pregunta: "¿Guardaste mi dibujo?" El terapeuta: "Búscalo y verás." El niño: "¡Pero no lo encuentro! ¡Sin embargo yo había dicho que no quería que se tocara!" El terapeuta: "Ah sí, tú habías *dicho* que no querías que se tocara. Tenías el derecho de decirlo, pero las cosas no dependen de lo que tú digas y de tu imaginación."

Y eso termina así: el niño está encantado y tranquilo de que el terapeuta haga la diferencia entre el decir —siempre permitido— y el hacer, independiente de sus fantasías. Ésa es la castración oral.

Pero para darla, es absolutamente necesario hacer que el niño represente la fantasía que subtiende su decir, para darle el poder de comunicarlo. A falta de lo cual, las pulsiones orales —el decir— no pasan por la criba de lo anal —el hacer—, es decir, las pulsiones que permiten la ejecución de un acto, de una acción muscular que deja una huella. Esta huella, evidentemente, oculta un dolor, pero no está de acuerdo con lo imaginario.

En cuanto a la castración anal, consiste en hacer comprender al niño que el hacer no puede traer fruto y no consiste en engendrar.

P.: ¿Cómo se puede descubrir si un niño está listo para recibir la castración edípica?

F.D.: Cuando está orgulloso de sus genitales y conoce su sensibilidad. Cuando reconoce el valor de la genitalidad de sus dos padres —por lo tanto de cada uno de los dos sexos— y el valor del acercamiento íntimo de su padre y de su madre, que es procreador.

En cambio, si una niña le dice por ejemplo: "Es repugnante el pajarito de los niños", es señal de que todavía no está lista para recibir la castración edípica.

P.: Sí, pero ¿qué entiende usted exactamente por castración simbólica?

F.D.: Utilizo esta expresión en su acepción de castración *simbolígena,* es decir en el sentido de una privación de la satisfacción de las pulsiones en el plano en el que emergen, a saber, en un circuito corto en relación con el objeto al que se orientan, para ser recobradas en un circuito largo, en relación con un objeto de transición, y luego con objetos sucesivos que, por transferencias recíprocas en cadena, se conectan al primer objeto.

Para que una castración pueda ser simbolígena, es necesario que intervenga en un momento en que las pulsiones, pongamos orales, han encontrado por derecho su satisfacción en el cuerpo del niño.

Si ese placer necesario al narcisismo fundamental no ha tenido lugar primeramente, entonces una castración se convierte en una frustración y no es ya simbolígena.

Pienso pues que se pueden decir así las cosas: es necesario ante todo que el niño haya experimentado el placer de la satisfacción de la pulsión, de la manera como la buscó al principio, pero que al mismo tiempo el objeto parcial oral —seno, alimento, heces, pipí, etc.—, al procurarle la satisfacción en su cuerpo, esté asociado a una relación con un objeto total —la persona que se ocupa de él— que él ama y que, por su parte, admita el placer que obtiene de su pulsión satisfecha.

A partir del momento en que esa persona adquiere para un niño por lo menos tanta importancia como la satisfacción de su pulsión, puede ayudarlo a alcanzar un nivel superior de comunicación, al superar la satisfacción en bruto de la pulsión.

Para esto, se necesita que exista una situación triangular —la madre, el padre, el niño, o la madre, la abuela, el niño, o la madre, otra persona, el niño, etc.—, es decir que no sea para agradar a la madre que el niño se frustre, si no nos encontramos en una situación perversa.

En efecto, el niño desea identificarse con la persona que ama. A ésta no sólo le satisface la manera en que el niño se sacia, quiere iniciarlo en la manera en que ella satisface las mismas pulsiones.

En el caso de las pulsiones orales, por ejemplo, enseñándolo a satisfacerlas al hablar. Es, en realidad, un placer de boca, de hablar, de cantar, de arrullar.

El niño se da cuenta de que esa persona, generalmente su madre, obtiene también placer así, que autoriza el placer que él obtiene, pero que al hablar con otra persona, ella quiere introducirlo al estilo de comunicación correspondiente a esa pulsión haciéndola pasar por un circuito más largo.

Es por eso que lo priva del placer parcial al que él volvería siempre, para iniciarlo en la manera más elaborada en que ella se satisface con las mismas pulsiones.

Tomemos otro ejemplo: en lugar de dar un caramelo a su hijo que se lo exige con grandes gritos, su madre le dirá: "Háblame de caramelos; tú los prefieres de menta, de fresa, duros, suaves, con papel, etc." Actuando así, su madre le dará mucho más que un caramelo.

La castración simbolígena requiere, pues, la mediación de una persona que asuma ser a la vez un modelo permisivo pero también un obstáculo progresivo para la satisfacción del niño, provocando así un desplazamiento de la pulsión a otro objeto. Gracias a lo cual el niño entrará en comunicación con esa persona —con el objeto que representa para él esa persona— y luego ampliará, de persona en persona, su relación de intercambio con los demás, acrecentando de esa manera el campo de satisfacción de esa pulsión.

De lo que hablo todo el tiempo en la clínica de niños, es de la castración de las pulsiones con relación al objeto —puesto que hay satisfacción por ese objeto y por la zona erógena involucrada.

Esa castración se da con el objetivo de obtener un efecto simbolígeno, es decir de aportar una satisfacción de esa pulsión todavía mayor, pero por un circuito más largo. Si no, es un juego de engaños, que solamente prueba que el niño ha sido "violado" por sus educadores, que ha sido visto nada más como un ser de necesidades y no como un ser de deseos.

Imaginemos, por ejemplo, a una madre que deja que su hijo se chupe el pulgar a los dos meses y medio. Estamos ante una satisfacción de tipo circuito corto, con un objeto de transferencia del seno, que el niño considera como su propio cuerpo. Helo ahí pues destetado, castrado de sus pulsiones visuales, auditivas, olfativas, en su relación con su madre. Simplemente las ha remplazado por la succión del pulgar. Para él, es como una simbolización y, sin embargo, no lo es.

Su pulgar es bien simbólico –en el sentido de sucedáneo del seno– pero sin embargo esa castración no ha sido simbolígena de una relación con otro sujeto. Su propio pulgar sirve de objeto parcial, engañándolo, dejándolo creer que es un objeto total. El niño encuentra placer al chupar su pulgar, pero sin intercambio con los demás. Su madre, al no haberle aportado a tiempo en lugar del seno la satisfacción de una comunicación por el lenguaje, provocó que el niño la remplazara por la ilusión de una relación simbólica con ella, mediante la relación con su pulgar que, en realidad, es una simple masturbación oral.

P.: Si les parece bien, veamos el caso de Katia. Es una niña de cuatro años, con invalidez motriz, que usa aparatos en las piernas. La habían catalogado como psicótica por dificultades escolares, pero desde la primera sesión, Françoise Dolto intuyó que podría ir a la escuela como todo el mundo, ya que observó que Katia, como muchos niños inválidos, no había recibido ninguna castración.

F.D.: Bueno. Entonces leamos juntos íntegramente la segunda sesión que tuve con Katia.[1]

"Cuando Katia entra, todo el mundo dice a coro:

–Buenos días señora, buenos días señor, buenos días Katia."

Françoise Dolto, dirigiéndose al auditorio de su seminario:

Les hago una seña a los asistentes para que un coro antiguo acoja a tal o cual niño.

[1] Françoise Dolto lee su propio papel. Sus intervenciones se dirigen ya sea a los asistentes a su seminario bimensual de la Escuela Freudiana, o se transcriben para destinarlas a los concurrentes a su consulta pública del hospital Trousseau.

Françoise Dolto ha recibido ahí niños todos los martes en la mañana, de nueve a catorce horas, desde hace cuarenta años. Trabajaba en el departamento del profesor Lainé, al que sucedió el profesor Laplagne y, en la actualidad, el profesor Lassale.

El texto reproducido aquí fue anotado palabra por palabra durante una de las consultas de Trousseau, a la que asistieron los padres de Katia.

"*Françoise Dolto* (a Katia): ¿Te acuerdas de la señora Dolto?

Katia: Quiero una medalla.

Françoise Dolto: ¿Quieres qué? Si todavía no caminas.

Katia (teniendo en la mano un sonajero formado con bolas ovaladas de plástico de colores diferentes): ¡Parecen paletas! * (mostrando una bola rosa): una paleta de fresa; (mostrando una bola amarilla: una paleta de vainilla; (luego, mostrando una bola azul): una paleta de chocolate."

Françoise dolto, dirigiéndose al auditorio de su seminario: ¡Ah, ya me hizo clic! ¡Una bola azul para el chocolate!

"Katia agrega inmediatamente: Y una paleta de frambuesa."

Françoise Dolto a su seminario: ¡Me llamo Françoise! ** Creo que ella pasó del chocolate bola azul, color femenino, a frambuesa-yo, es decir que acopló una relación conmigo que le permite convertirse en mujer en lugar de seguir siendo zombi, o sea una criatura que no es ni hombre ni mujer.

En sociedad, Katia tenía un estatuto de criatura inválida motriz, que la hacía diferente a los demás. Y cuando un niño no es como los otros, no es ni niña ni niño, es un objeto parcial heterogéneo en el conjunto del grupo.

Françoise Dolto (a Katia): ¡Paletas!

Katia (a Françoise Dolto): ¡Las paletas son buenos!

Françoise Dolto: Tú eres una niña, no dices: Katia es lindo, ni Katia es bueno. Katia, ella es no-señora Dolto."

Françoise Dolto dirigiéndose al auditorio de su seminario: Se lo formulé de esta manera, ya que ella estaba furiosa porque le había corregido su manera de hablar.

"*Katia*: Sí, señora Dolto.

Françoise Dolto: ¿Sí? ¿Ella es sí de qué?

Katia: De fresa.

Françoise Dolto: ¡Ah, claro, de fresa!

Katia: ¡Caca! ¡Caca!

Françoise Dolto: Para ser un niño, ¡piensa Katia!

Katia: ¡De fresa!

* En francés *glaces*, helados, es femenino; lo hemos traducido por *paletas* femenino en castellano, para conservar el sentido de la interpretación, basado en la correspondencia de los géneros gramaticales y los sexos. [E.]

** En francés, Françoise y framboise (frambuesa) suenan parecido. [T.]

Françoise Dolto: De fresa. ¿El chocolate de qué color?

Katia: Azul. Amarillo es de vainilla.

Françoise Dolto: Podría ser limón. Puedes decir lo contrario de la señora Dolto, se permite decir no y luego fastidiarme.

Katia: El niñito toma una gran paleta de vainilla.

Françoise Dolto: ¿Y la niñita?

Katia: Quiero una medalla.

Françoise Dolto: ¿Qué?

Luego, dirigiéndose a su seminario: ¡Exactamente como al principio!

"*Françoise Dolto* (a Katia): ¿Qué, una medalla?

Katia: Una medalla vamos a hacer.

Françoise Dolto: Sí. ¿Qué tendrá arriba?

Katia: Una cuerda.

Françoise Dolto: ¿Una hijo-ella? * Ah no, jamás. ¿Quién tiene una medalla?

Katia (primero un marcado silencio; no quiere responder. Luego dice contrariada): Sí.

Françoise Dolto: ¡Ella quiere decir no!

Katia: Está pegajoso. (Y en ese momento le salen de la boca espesas babas.)

Françoise Dolto: ¿Cómo comenzó lo de la primera medalla? ¿Quién tiene una medalla? ¿Un perro? ¿Es una medalla o un colguijo?

Katia: Una medalla.

Françoise Dolto: Ah, soy demasiado tonta para hacer una medalla, eres tú la que sabes hacerla. Una medalla es redonda como una moneda, con un anillo. Se cuelga del cuello con una cadena."

Françoise Dolto dirigiéndose al auditorio de su seminario: Recuerdo que en ese momento Katia miraba salir de la sala de consulta a una mujer que llevaba un colguijo.

"*Françoise Dolto* (a Katia): Mira lo que lleva la señora alrededor del cuello, eso se llama un colguijo. Pero me gustaría que me describieras una medalla. (Dirigiéndose a los padres de Katia): ¿Tuvo alguna medalla cuando nació?"

* Juego de palabras intraducible. Cuerda = ficelle; hijo-ella = fils-elle. [T.]

Françoise Dolto dirigiéndose al auditorio de su seminario: La medalla es una significante clave para ella desde que era muy pequeña. Su padre lo dice, ella siempre ha deseado una medalla. Así que le dibujé una medalla.

"*Katia* (mostrando la medalla en el papel): La quisiera.

Françoise Dolto: Cuando se dibuja alguna cosa, se la tiene un poco en el corazón. Descríbeme la medalla. ¿Quién tenía la medalla que tú quieres tener para ser alguien?

El padre de Katia: Mi madre usa colguijos."

Françoise Dolto al auditorio de su seminario: ¡Hubiera podido decirlo antes!

"*Katia*: ¡Mamika!"

Françoise Dolto al auditorio de su seminario: En ese momento uno de los asistentes a la consulta de Trousseau se levanta y viene a darme una medalla rosa.

"*Katia*: ¡Quiero ponérmela!

Françoise Dolto: Se permite desearla, pero no tendrás la medalla rosa. Estás aquí para curar tu sufrimiento, no para sustituirlo."

Françoise Dolto dirigiéndose a su seminario: Decirlo de esta manera es muy importante: forma parte de la castración, es decir, nunca hay que dar el sustituto de lo que el niño quiere tener, sino representarlo y hablar de ello. Si le damos la cosa real que demanda, todo el trabajo analítico y la tensión necesarios para el progreso están perdidos. Lo que Katia demanda, la medalla, es un objeto que visiblemente representa el deseo de convertirse en la madre de su padre. En efecto, Katia miraba a una mujer del auditorio de Trousseau que llevaba un colguijo que la hacía pensar en mamika. Quiere convertirse en mamika para su padre que sin duda está muy ligado a su madre, es hijo-de-mamá (fils-à-elle),* la famosa cuerda (ficelle) que apareció antes.

Katia está en rivalidad edípica con mamika, es decir la persona con la que su padre no ha terminado su Edipo. Su padre tiene pulsiones que siguen estando comprometidas en una relación hijo-de-mamá con su madre.

* Otra vez el juego de palabras. [T.]

"*Katia*: Mañana (y se pone a llorar), mañana me la pondré, mañana me la pondré.

Françoise Dolto: Sí mañana, cuando seas grande. ¿Qué es lo que te entristece tanto? Como si alguien tuviera algo que tú no tienes. Es mamika, la madre de tu padre, la que tiene la medalla. Dibuja una niñita que tenga todas las medallas que tú quisieras.

Katia: ¿Puede uno ponerse la medalla rosa?

Françoise Dolto: ¿Uno? ¿Quién es uno? Habitualmente dices 'yo'."

Françoise Dolto al auditorio de su seminario: Sin duda uno, son ella y su padre.

"*Katia*: Quiero ponerme la medalla rosa.

Françoise Dolto: Es fastidioso tener ganas de hacer algo que no se puede hacer. Hay muchas cosas, Katia, que quisieras y que no tienes. Por ejemplo, estás furiosa por no caminar. La medalla rosa es un falso consuelo. ¿Tú sabes por qué no puedes caminar?

Katia: No. (Después de un silencio): Quiero la medalla rosa.

Françoise Dolto: ¡No! (Luego, dirigiéndose a los padres de Katia): ¿Tienen algo qué decirme desde la última vez que nos vimos? Señora, ¿le dijo a Katia que iba a venir hoy?

La madre de Katia: Sí, se le habla de ello normalmente.

El padre de Katia: Ella lo pide, para que la señora Dolto le ayude a manejar sus piernas.

Françoise Dolto (a Katia): Sí, así es. ¿Tienes amigos, Katia?

Katia (levanta la nariz en el aire, luego dice mirando a Françoise Dolto): Dolto, *vinguit*." *

Françoise Dolto dirigiéndose al auditorio de su seminario: Pienso que ahí hay condensación de algo. El nombre de Valeria aparecerá después, e igualmente hace alusión al valgus de sus piernas que no domina.

"*Françoise Dolto* (dirigiéndose a Katia): Tus manos son fuertes para trabajar la plastilina.

Katia: ¡Eso duele!

Françoise Dolto: ¡No, eso no duele! No, la plastilina es una

* En francés se pronuncia vanguit, de ahí la sospecha de una condensación con *va*lerie y con *va*lgus. [T.]

cosa, tú la puedes agarrar muy fuerte y no duele, no puede hacer sufrir."

Françoise Dolto al auditorio de su seminario: Estaba a punto de agredir a la plastilina.

"*Françoise Dolto*: ¿Qué edad tienes?

Katia: Cuatro años.

Françoise Dolto: Qué grande. (Luego mostrándole un patito): ¿Y sabes qué es esto?

Katia: Un patito.

Françoise Dolto: ¿Cómo hace?

Katia: Cua-cua.

Françoise Dolto: ¿Qué vas a hacer tú ahora?

Katia: Un perro azul, un perro amarillo.

Françoise Dolto: Tan grande como el pato o más pequeño. Un perro tiene una cabeza, un cuerpo, una cola. ¿Cómo hace un perro?

Katia: ¡Guau-guau!

Françoise Dolto: ¿Cómo se llama el perro que tú conoces?

El padre de Katia: Queríamos conseguir uno para él... (Se corrige), este, para ella... pero le tenía mucho miedo.

Françoise Dolto: ¿Un macho?"

Françoise Dolto al auditorio de su seminario: ¡Un perro macho, puesto que era para él!

"*El padre de Katia*: Sí.

Katia: Es un perro bebé.

Françoise Dolto: ¿Cuando sea grande, será un perro papá o un perro mamá?

Katia: Una mamá.

Françoise Dolto: ¿Cuando seas grande, tú qué vas a ser?

Katia: Una señora, como mamá (Se calla.)

Françoise Dolto: Es asombroso pensar en eso.

Katia: El perrato.*

Françoise Dolto: ¿El perrato? ¿Perro o gato? Perrato no quiere decir nada. Perro o gato, niña o niño, no ambos a la vez. Hacer caca, de vez en cuando, en español, se puede decir cagar.

* La niña dice: *chiat*, que F. D. interpreta como condensación de *chat* = gato y chiot = perrito de caza no destetado; cagar en francés se dice *chier*. Proponemos perrato, condensación posible de perrito y gato. [T.]

Un perrato, tal vez sea un perro bebé, un perrillo no destetado, nacido de una mamá perra y de un papá perro. Tú no sabes lo que quieres. ¿Quieres ser Katia que quiere ser una niña? Cuando estabas en la incubadora,[2] no sabías de quién estabas más cerca en tu corazón, de tu papá o de tu mamá.

Katia: Una bola.

Françoise Dolto: ¿Una bola papá? ¿Una bola mamá?

Katia (tomando una muñeca flor): Se parece a un guante."

Françoise Dolto dirigiéndose al auditorio de su seminario: Cambia de conversación.

"*Françoise Dolto*: Una muñeca chistosa.

Katia: ¡Una Valeria chistosa!

Françoise Dolto: ¿Todas tus muñecas son Valerias?

La madre de Katia: No, su mejor amiga se llama Valeria.

Katia se chupa el pulgar, mamándolo.

Françoise Dolto: Hasta luego. Sí, mamar y chupar, eso te asemeja a cuando estabas muy pequeñita. ¿Hasta dentro de quince días o un mes?

Katia: Quince días. El juguete se cayó, no hay que llorar.

Françoise Dolto: No pasa nada por llorar, Katia, puedes llorar.

Katia: No hay que llorar.

Françoise Dolto: Está muy bien llorar, peor para la gente a la que eso le fastidia, llorar es como agua que viene de los ojos. La señora Dolto no dice que no hay que llorar.

Katia sale."

F.D.: Lo que me parece interesante en la relectura es que se ha necesitado que Katia vuelva a caer en la imagen de la bola, es decir en lo más arcaico de su imagen. Era necesario, pues para su madre, todos los niños parecían llamarse Valeria. Sus amigas, sus muñecas, etc. De hecho, para su madre, Katia también era una muñeca sin nombre. No era nombrada porque era inválida. Un estado que había sido una prueba terrible para sus padres. Sin duda es por lo que Katia trató de ser mamika y negar que se podían reunir los dos sexos en la escena primaria y devenir ambos adultos. Todo eso para poder volver

2 Evidentemente, es necesario explicar a la criatura lo que es una incubadora.

a caer en esa imagen arcaica de la bola, chuparse el pulgar y llorar, es decir regresar a los ojos bañados por el líquido amniótico. Ha podido dejarse ir en una regresión muy lejana, momentáneamente, después de haber recibido, en el transcurso de esta sesión, las iniciaciones sucesivas para la castración.

Su sesión marchó bien, puesto que Katia quería regresar quince días después.

Había ya un enorme progreso en relación con la primera sesión, en la que parecía incapaz de relacionarse, lanzando al azar palabras que no tenían nada que ver con lo que yo le decía.

P.: ¿Qué podría usted decirnos, hoy en día, a propósito de esa sesión que nos leyó?

F.D.: Ante todo es la ilustración de que, cuando un niño desea un objeto parcial, es siempre identificándose con alguien. Muchos psicoterapeutas lo olvidan. Cuando un niño recoge flores, siempre lo hace para alguien. Cuando un niño habla, lo hace dirigiéndose a alguien —seguramente no para hablar solo— y no necesariamente a la persona presente.

Todos los gestos, actos o palabras de los niños se hacen o se dicen en función de una relación imaginaria con alguien.

Por ejemplo, cuando un niño le dice: "Quiero eso", respóndale: "¿Para qué?" Él: "Lo quiero." Usted: "¿Para ser como quién? ¿Para hacer como quién?" Y ya ahí, él se lo dirá.

El niño hace o dice algo siempre con objeto de identificarse con alguien que representa una imagen progresiva para él o valorizada por otro.

4

LAS DIFERENTES CASTRACIONES II: LA NO CASTRACIÓN UMBILICAL Y LAS FOBIAS — LA CASTRACIÓN ORAL — LA CASTRACIÓN ANAL

P.: ¿Cómo definiría usted la castración umbilical?

F.D.: Invirtamos el problema. La no castración umbilical se nota en que el niño está en un estado fusional con el otro. Se ve también en los adultos psicóticos y prepsicóticos. Para salir de ello en una terapia, hay que comenzar por admitir esta fusión durante cierto tiempo, luego verbalizar el terror fóbico de no estar ya en un estado fusional con el otro. Las personas que no han construido su doble son potencialmente psicóticas y su hijo es el que les sirve de doble. En ese caso, él es psicótico.

Esta no castración umbilical se observa en casi todas las fobias. El ser humano no tiene una imagen de sí mismo como individuo completo y esto se concretiza en presencia del objeto fóbico: necesita absolutamente de aquello que se imagina que le falta.

Pienso por ejemplo en el caso de una niña que solamente iba a la escuela los días en que su tía llegaba a buscar a su madre. La explicación se encontró rápidamente: su madre tenía fobia a los perros y no podía pasar delante de la portería, donde había un perro, sin ir de la mano de alguien.

Me parece que los fóbicos tienen imágenes del cuerpo tales, que necesitan un segundo cuerpo, el de otro, del que toman la parte que se imaginan que les falta para poder enfrentarse al peligro.

Recuerdo otro caso, el de una niña de seis años que me llevaron porque tenía un curioso síntoma: De pronto se doblaba en dos en la calle y miraba para atrás entre sus piernas, penetrando en un mundo irreal puesto que veía a los transeúntes al revés. Si su madre la tomaba a tiempo de la mano, el problema desaparecía.

De hecho, en el curso de las sesiones me di cuenta de que se ponía en tal posición para ver si tenía pene, sólo que esto no correspondía para nada a ese síntoma loco: doblada en dos, mirando el mundo al revés entre sus piernas, a ras del suelo es, en la imagen del cuerpo, una posición casi fetal.

En la escuela, se convertía en maniática de perfeccionismo, nada era lo bastante perfecto en su trabajo, lo que interpreté, al hablar con ella del asunto, como algo así: "Si no soy perfecta, es porque me falta el miembro de los chicos, quienes sí representan la perfección." Y diciendo esto, se salió de la castración primaria.

La fobia es una perturbación que induce a graves regresiones: "No estoy provisto de lo necesario para asumir las experiencias de un ser humano autónomo", se dice el fóbico. La autonomía no se puede alcanzar si uno puede ser mutilado por algo o alguien, y si no se reconoce por sí mismo y por los demás en su sexo.

Cuando se entra en contacto con la castración primaria, se está obligado a volver a la castración umbilical.

No se puede hablar al niño de castración primaria sin hablarle de su deseo de haber nacido con el sexo que tiene. Y en el ejemplo de la niñita, explicarle que, puesto que pertenece al sexo femenino, es íntegra desde siempre. Si se trata de un niño, decirle la misma cosa, pero precisar que jamás será mutilado, puesto que su padre quiere que tenga ese sexo ya que es él quien le dio la vida, para que a su vez él la dé.

Tampoco se puede provocar la castración primaria a un niño si no se la relaciona con la fecundidad de los padres y con su futura fecundidad, unida a su deseo de haber nacido de una escena primaria inicial que es la de su concepción.

En un psicoanálisis la reviviscencia de esa fantasía y el estado depresivo que le sigue —lo que se llama pasar por las pulsiones de muerte— son fundamentales. Es la señal de que el sujeto ha ido hasta el final en su pérdida de la placenta, ese doble, ese gemelo intrauterino —y que se ha constituido en la transferencia, por medio de la palabra, en un doble auténtico.

La castración umbilical es la castración de lo fusional que

está entonces simbolizada por una relación de dos, de los cuales uno, la madre, está completa, y el otro, el bebé, necesita un objeto parcial.

Pero este objeto no es ya umbilical, es la sublimación de la relación umbilical que es la relación con el alimento líquido que pasa por la boca en lugar de pasar por el ombligo.

Hay transposición: el alimento llega por la boca, el ombligo está castrado, pero está transpuesto en pulsiones vitales que son satisfechas por la boca. En cuanto a las pulsiones de expulsión vital excremenciales, prolongan la expulsión *in utero* de la orina.

Hay, por ejemplo, niños retrasados que hacen caca en su bañera. En ese caso es absolutamente necesario hablarles de esa manera de hacer en la madre, que es incestuosa en las intenciones, y castrarla diciendo: "Cuando estabas en el vientre de mamá, no hacías caca, no comías, solamente bebías y orinabas. ¿Qué es eso de hacer caca en la bañera? ¿Es que quieres matar a mamá? ¿Es que te quieres matar? ¿Es que quieres morirte?"

Un día, un niño me dijo "sí". Entonces le respondí: "Se permite morir, pero no haciendo caca en el agua. Y vamos a hablar de morir." Inmediatamente se puso a hacer un dibujo todo negro.

En efecto, es una pulsión casi autodestructiva el hacer caca en la bañera, ya que eso jamás ha existido. En presencia de una situación que haya existido, se puede permitir una satisfacción arcaica. Pero no en el caso de una situación que nunca ha existido, ya que para el niño esto significaría que autorizamos una desviación y una autodestrucción imaginaria.

Es por eso que mucha gente me reprocha que sea moral con los niños. En efecto, lo soy, pues la moral del desarrollo del cuerpo es indispensable, si no, el niño jamás alcanzaría la sublimación de las pulsiones castradas al identificarse con el adulto que continúa satisfaciendo esas mismas pulsiones, pero de otro modo.

Por ejemplo, veamos cómo sucede una castración oral lograda. Comienza por la leche. El niño, al llegar al mundo, la hace subir a los senos de su madre. Es pues a la vez un objeto que le pertenece pero que se encuentra también en el cuerpo de la madre.

Pero esa madre, alimento por la leche que da, es también un instrumento funcional por su pecho. El niño, en el momento del destete, se verá privado del pecho y lo representará después por todos esos bombones de los que nos inunda, o por todos esos objetos parciales de plastilina que se mete a la boca, para evocar el mordisqueo del seno o del chupón.

Bueno, durante un tiempo le dejo hacer y luego le explico al niño que solamente la leche le pertenece, pero no el pecho, que nada más estaba prestado. Ya que ese pecho es para el niño la prolongación del cuerpo de la madre así como la prolongación de su propia lengua.

Es necesario pues castrar la lengua del pecho para que el niño pueda hablar, y por eso es especialmente necesario que la madre no desaparezca el día en que deja de darle el pecho, sino, por el contrario, compensar esto mimando al pequeño, poniéndolo contra su cuerpo, diciéndole palabras acerca del destete y estando pendiente de que el niño aprenda a tomar aire por la boca, para hablar.

Esta mediación es muy importante y puede durar varias semanas. Rara vez se les enseña a las madres que dejan de dar el pecho para volver al trabajo y dejan al niño con otra persona sin que haya habido simbolización de la pulsión castrada, la que ordena el dominio de la pulsión esfinteriana oral-anal de la boca anal, es decir de la boca muscularmente fónica, hacedora de palabras. (La boca oral es engullidora, mordiente.) Esta analización de la boca se da también en el cuerpo a cuerpo acariciante por la relación sutil olfativa con la madre, que continúa más allá del seno. A falta de eso, el niño no sublimará las pulsiones orales comunicando palabras, es decir cosas sutiles, más sutiles todavía que el líquido.

Todas las dificultades de lenguaje que encontramos actualmente en los niños vienen de un destete brutal. El niño pasa de un lazo carnal con su madre, a la posición de objeto parcial con la persona que se encarga de él. Es manipulado como una simple teta. En ese caso, el niño está destetado, sí, pero mal. En realidad tiene por modelo a alguien que no puede simbolizar sus pulsiones orales. El adulto en cuestión no está destetado él mismo y por lo tanto no está castrado en ese plano.

En cuanto a las pulsiones anales, es la gran violación en nuestra sociedad, es la privación demasiado temprana, por lo tanto insoportable.[1] La castración de las pulsiones anales jamás se debe considerar antes de que el niño pueda controlar neurológicamente la región de la que se le pide que no obtenga las mismas satisfacciones. Tal control no es posible más que con la terminación completa del sistema nervioso central, la terminación de la médula espinal y de la cola de caballo, es decir de esas pequeñas redes nerviosas que van a todas las terminaciones, en particular a las terminaciones de los miembros inferiores, al mismo tiempo que van al perineo y, en el varón, hasta el meato urinario, hasta la piel de los testículos y a la planta de los pies.

Se puede saber que esta maduración ha terminado cuando el niño adquiere una gran flexibilidad, cuando puede pararse en la punta de los pies, saltar, bailar, es decir hacia los veinticuatro meses.

Si un pequeño no se vuelve limpio en ese momento, es que no ha llegado a identificarse a sí mismo como varón.

Se identifica con una cabra, con un perro, con cualquier cosa, o con un objeto de placer o de disgusto para su madre, a la que domina a su antojo por su incontinencia obligándola a darle sus cuidados.

Pero una madre que exige de su hijo una limpieza demasiado precoz realmente lo desequilibra, pues un niño pequeño no tiene ningún medio de sensibilidad para distinguir la llenura de la vejiga o del recto y confunde todo: sus pulsiones sexuales, anales y uretrales.

Para la niña será menos grave, porque sus pulsiones sexuales no se confunden con sus pulsiones anales y uretrales y cualquier cosa podrá arreglarse después. Queda como en el caso de una no castración umbilical, pero en identificación con alguien que tenga el mismo cuerpo que ella.

De todas maneras, un niño que no ha sido violado en sus

[1] La frustración no es simbolígena, es traumatizante, mutiladora del sano placer de "hacer" en su lugar erógeno primero.

ritmos fisiológicos se vuelve contingente solo. Todos los mamíferos lo son. Entonces, no serlo es un ser humano, es un lenguaje... por descifrar.

Otra idea que se presta a malas interpretaciones: el cuerpo no tiene que producir algo —caca o pipí por ejemplo— para halagar a la madre. Esto es una deformación de las peticiones del adulto. Y no obstante ha recorrido los libros de psicoanálisis: "Es el primer regalo, hay que valorarlo, bravo, está bien, qué linda tu caca, etc." Toda suerte de comedias que dislocan al niño, sabiendo él muy bien que su caca ni es linda ni fea; es, eso es todo.

En cambio, sé que los niños diarréicos son depresivos porque sus excrementos ni tienen una forma bonita, pero son también depresivos por la inquietud de su madre ante su diarrea. Tener diarrea es estar aturdido y estancado. Pero eso es otra cosa.

Dicho de otra manera, la caca no es ni bella ni fea. Hacerla es señal de que uno anda bien, es todo. En cambio, en psicoterapia, la caca puede tener una utilización interesante. Por ejemplo, cuando el niño hace un modelado a propósito del cual le dice que ha querido hacer tal o cual cosa y que usted no la ve en absoluto, le puede decir: "No la veo. Pero lo que sí veo es que eso parece caca." Los niños quedan absolutamente encantados. Y usted continúa: "¿De quién será? ¿Quién habrá hecho esta caca? ¿Papá? ¿El vecino?" Finalmente se llega a reconocer una caca de perro, una boñiga de vaca, una cagada de mosca. Es fantástico, porque las pulsiones anales terminan por sublimarse en el lenguaje y en la observación.

Eso es sublimar las pulsiones anales. Hay que comenzar por interesarse en ello, porque es necesario primero experimentar placer, pero en palabras, por lo que ya es otra cosa, y luego reconocer que esa necesidad es la de todos los seres vivientes de carne y hueso.

En cuanto a los humanos ¿qué hacen de sus pulsiones anales? Desplazan ese interés manipulador y expulsivo a la modificación de una forma con la sorpresa de descubrirse creadores, por las formas que producen. Y se trata de alguien, en la identificación de otro. Esto es castrar las pulsiones anales. Pero en absoluto impedir que los niños hagan pipí o caca cuando tienen ganas. Eso es hacerle a la mujer cromañón creyéndose en el siglo XX.

Es mutilar a los niños en su ritmo y en su ser carnal. No es educación. Las madres "come-mierda" son en realidad holgazanas que tienen pereza de cambiar al niño. Y cuanto más mutilado está, cuanto más acabado, tanto más orgullosas están de decirle a la vecina: "Mire a mi niño, ya está listo, ya es limpio."

Para un niño, la educación consiste, una vez llegado el momento, en comportarse en cuanto a los excrementos como lo hacen los adultos, es decir ir a los lugares reservados para eso. Pero es necesario que el niño conozca el destino del excremento, es necesario que sepa por qué el excremento se deposita en los excusados, si no, no tiene sentido. ¿Qué es ese agujero que quiere algo que primero estaba en mí y que después se va a ir por ahí? Todo esto, hay que explicarlo.

Todo debe decirse con palabras. En el campo, por lo general, es muy claro. Los niños ven que eso sirve para hacer brotar las verduras, o que eso va sobre el estiércol. Pero en las ciudades, hay que explicar al pequeño el ciclo del nitrógeno, explicarle que es dueño de su excremento hasta el momento en que va a dejarlo, como los papás, en el agujero de los excusados. El soltar el agua es dramático para muchos niños, porque no son ellos los que la sueltan, mientras que un bebé que hace caca, siquiera es él el que la suelta en sus pañales, y desde que es pequeño sabe que son sus necesidades y que van a sus pañales.

Entonces, cuando llegan a la limpieza esfinteriana, hace ya mucho tiempo que los niños son muy diestros de manos para hacer formas. Las manos, que son esfínteres gracias a los dedos, forman y modelan materiales a los que se han desplazado los intereses esfinterianos anteriores.

La educación es no sólo la identificación con los adultos sino también el abandono del circuito corto de las satisfacciones para un cambio de base de modificación de las formas, con miras a producir ideas que son representaciones de otra cosa.

El comienzo de las transformaciones de las pulsiones anales consiste en hacer algo con las manos. Y las primeras cosas que un niño hace, lo sepa o no, son cacas. Es lo que hace el cuerpo. A partir de ahí, puede hacerse la simbolización, a condición de que el adulto no se interese en el objeto parcial-caca como tal, y no pregunte sin parar: "¿Cómo has hecho caca?" Usted sabe bien que hay familias obsesivas en las que el padre pregunta a cada uno en el desayuno: "¿Cómo hiciste?"

Esto es algo que data, diría yo, del siglo XVI, en la época del cólera. Se comprende que se hiciera entonces para descubrir el menor signo de la enfermedad. Pero hoy en día, es pura neurosis obsesiva, y en niños criados en familias así, con frecuencia es muy difícil darse cuenta de esa anomalía de comportamiento familiar.

Es también el caso de los niños que han tenido madres devoradoras. Dar su caca a su mamá —a su mamá devoradora de caca— ha sido de tal manera gratificante para el niño que, por ejemplo se levanta en mitad de las comidas para hacer caca. Ése es el síntoma de la bacinica bajo la silla del niño en la mesa. También ahí se trata de una confusión de las sublimaciones orales y anales. Recuerdo a un pequeño esquizofrénico cuya madre quería que fuera limpio, pero sin que tuviera frío en el trasero sobre su bacinica de metal. Así que ponía la bacinica a calentar en un rincón del horno, entre las cacerolas. Cuando se ponía la mesa, el niño iba a buscar su bacinica, la ponía debajo de su silla, empezaba a comer, luego se bajaba a la bacinica, volvía a comer, volvía a bajar, y así. Desde el principio, había en ese niño confusión entre el receptáculo del objeto de comer, cacerola, y el de defecar, bacinica.

La castración oral desemboca en lo simbólico de la mímica. De la castración del niño deriva el tabú del canibalismo. Este último es remplazado por la comunicación oral y la palabra.

Mientras que la castración anal es, a fin de cuentas, la castración de la deformación de las formas y del ataque al cuerpo de los demás. Lo prohibido de la agresión al cuerpo de los demás, y por lo tanto del homicidio, deriva de la sublimación de las pulsiones anales. Al principio, es un desplazamiento a objetos de deformación, de corte, de agresión. Esto gira alrededor de las pulsiones anales castradas de la satisfacción con el objeto y relacionadas con representaciones, pero jamás con el cuerpo de un animal vivo ni de alguien, que uno formaría a su manera, que uno deformaría o mutilaría.

5

EL SER HUMANO —ESE MAMÍFERO— ES PSÍQUICAMENTE UN SER DE FILIACIÓN DE LENGUAJE, POR LO TANTO DE ADOPCIÓN — DIDIER NO HABLA MÁS QUE EL LENGUAJE QUE INVENTÓ

P.: ¿Quiénes son los padres del narcisismo primario, de que usted habla con frecuencia?

F.D.: Son los padres interiores, el padre y la madre, que viven en cada uno de nosotros. Ésa es la razón por la que ninguno de nosotros tiene necesidad de ser criado por sus padres de nacimiento, a partir del momento en que otros seres humanos permitan nuestro desarrollo potencial libidinal y eduquen nuestras capacidades hacia su destino de intercambio de lenguaje, creativo y procreador. El ser humano es físicamente un mamífero y psíquicamente un ser de filiación de lenguaje, por lo tanto de adopción.

Al principio, el niño se construye simbólicamente en su relación con los demás. Por supuesto, la función mamífera biológica del ser humano existe también, pero está totalmente marcada por el lenguaje, sin duda a causa de la desproporción que existe entre nuestro enorme encéfalo y nuestro cuerpo.

Nuestra maduración biológica marca un retraso considerable con relación a los otros mamíferos, puesto que nuestro encéfalo no está terminado sino hasta los veintiocho meses y nuestro desarrollo óseo hasta los veinticinco años.

Mientras que los mamíferos están de pie inmediatamente y son capaces de encontrar su alimento a la hora de haber nacido, el niño está absolutamente ligado a su genitora para su supervivencia, o a otra criatura vivente, que se haga cargo de él.

El padre y la madre, que viven en cada uno de nosotros, se perpetúan a través nuestro, adaptándose al lenguaje del que se ocupa de nosotros. Luego, es el tiempo de la castración: el varón, por ejemplo, no puede ya abandonarse en la madre que está en él, renuncia a la femineidad, la que encontrará en el exterior, en la mujer que elija. Eso es el verdadero Edipo: se vive en el interior del sujeto, que efectúa todo un trabajo sobre el padre y la madre en él, así como sobre la función emisiva (masculina) y receptiva (femenina).

Estos elementos constituyen el narcisismo primario, en el cual el cuerpo está completamente implicado. El cuerpo es a la vez emisivo y receptivo para sí mismo. Pero, según su sexo, cada ser favorecerá lo dominante renunciando a lo que en él pertenece al otro sexo para poder adaptarse a la vida en sociedad, con los de su misma edad y sexo.

El Edipo, proceso interno del ser humano, puede ser falseado por las relaciones de lenguaje de una madre y de un padre, fijadas eróticamente y de manera inconscientemente incestuosa en su hijo.

Es lo que lleva a ciertos seres humanos a la homosexualidad, dominante en su cuerpo genital. Se sabe también que esa homosexualidad adulta permite las mayores sublimaciones culturales. La fecundidad, pero también la paternidad y la maternidad simbólicas que no pueden realizarse en el plano de la genitalidad, encuentran una salida en el lenguaje cultural y artístico.

P.: He aquí el caso de Didier, un pequeño de cinco años, que no habla más que un lenguaje inventado que no comprendo. ¿Cómo me las puedo arreglar?

F.D.: ¿Es un niño músico?

P.: Sí.

F.D.: Se da mucho el caso. Son niños músicos, muy inteligentes, tratados como imbéciles por los padres. No han hablado a tiempo, aunque comprendían el lenguaje. Se les habla "ña-ña-ña", sin esperar respuesta de ellos ni tratar de saber si comprendían. Realmente es un niño para el que la psicoterapia está indicada, porque conserva en sí enclaves de actitudes negativas frente a la sociedad de los adultos. Seguramente está dotado auditivamente. Pero se habrán burlado de él enseñándole el lenguaje.

Debe haber detrás de todo, el nacimiento de un hermanito. Y la madre, en lugar de dirigirse al niño como al mayor que era, se habrá puesto a hablarle como al bebé, con esos estúpidos "ña-ña-ña".

P.: De momento, veo sobre todo a la madre, en su presencia.

F.D.: ¿Pero por qué habla con su madre?

P.: De todas maneras, Didier no quiere hablar.

F.D.: ¿No puede usted entrar en contacto con él, incluso en presencia de su madre? Pero no por ella, por él. Para que él adquiera valor de sujeto, de interlocutor válido, haciendo que la madre guarde silencio. Si ella quiere responder en lugar de su hijo, hágale comprender, con su índice sobre la boca, que no debe responder ella. Vale más no tener la respuesta del niño que dejar a su madre que interprete lo que él dice o responder en su lugar. Puede decirle a la madre, por ejemplo: "Si necesita expresar algo, escríbalo en un papel y pásemelo." Y dígale a Didier: "No quiero que tu madre hable, eres tú quien me importa, si ella tiene algo que decirme, me lo escribirá." Y si la madre escribe algo, léaselo al pequeño.

P.: Pero no sólo está la madre, con frecuencia está también el abuelo, la abuela, el hermanito, en fin, ¡toda la familia!

F.D.: ¿Pero por separado? No vendrán todos a la vez.

P.: A veces vienen todos al mismo tiempo.

F.D.: Bueno, deje entrar a todo el mundo, eso no tiene ninguna importancia, puesto que va a pedirles a todos que se callen. Y luego dígale bien claro al niño: "No quiero que tu familia me ayude a entenderte, pues eso no te ayudará." De hecho, es un niño que quiere decir muchas más cosas de las que se le han dicho.

P.: ¡Pero, en fin, depende enormemente de ese lenguaje!

F.D.: Sí, pero dependerá todavía más de hacer música. Que le pongan un profesor de piano y usted verá hasta qué punto es un niño músico.

La forma de las palabras, el lenguaje, no le interesan. Se necesitarían neurobiólogos que nos hablaran de esto. Depende de la manera como se inscriben las informaciones en tal o cual hemisferio cerebral. El dibujo, o el trazo, se inscriben en un hemisferio, el color en el otro. Igual que la sonoridad de las palabras se reconoce en un hemisferio, y la forma de las palabras en el otro.

P.: Es un lenguaje que él se construye y que está bien formado.

F.D.: Seguramente. En ese niño es una forma de autismo. Pero es un autismo gracias al cual él comunica, más por la riqueza de las modulaciones y de las sonoridades que por el sentido y el código de las palabras.

P.: Hay casi una gramática en esa lengua.

F.D.: ¡Por supuesto! Estúdiela, sería muy interesante. Comprendería usted el inconsciente de ese niño que ha creado otro lenguaje, y que trata de comunicar.

P.: Sí, habla sin parar.

F.D.: Tuve un caso parecido al de Didier. No hice nada, no quise ver al niño. Simplemente aconsejé a su padres que le pusieran un profesor de música y lo metieran a la escuela. Que tuvieran la precaución de explicar a la maestra que hablaba muy bien, pero que adrede utilizaba un lenguaje propio para que no le entendieran; que, por otra parte, un médico lo había examinado y había diagnosticado que el día que quisiera hablaría muy bien. En la escuela, hablaba perfectamente, mientras que en la casa continuaba utilizando solamente su lenguaje. ¿Por qué habría cambiado? Porque eso divertía mucho a sus hermanos y además así obtenía todo lo que quería. Es histérico, es todo lo que se quiera, lo hace para interesar a la gente, y por eso hay que respetarlo. Porque hay cualidades personales singulares que hay que educar: una sensibilidad auditiva y una adaptabilidad a la afectividad del medio ambiente. Interlocutor reconocido como divertido pero sin importancia, actuaba conforme a eso ante su entorno familiar.

Tuve noticias de ese niño mucho después. Los padres estaban tranquilos sabiendo que por lo menos en la escuela hablaba, y a la vez divertidos y perplejos ante su jerigonza en la casa.

Terminó después de una clase "verde", donde la vida, como en la casa, se desarrollaba en comunidad.

En esa familia, fue finalmente la madre la que hizo un psicoanálisis. Los padres habían ido a verme para tener la dirección de un ortofonista, enviados por su médico que me estimaba. Es cierto que si esa familia hubiera sometido al niño a una consulta médico-pedagógica, hubiera sido bueno para una reeducación ortofónica que hubiera durado meses. Mientras que sin ir a la escuela, no hubiera estado motivado para corregir su lenguaje y, sin música, no se hubiera reconocido en su tipo –de inteligencia auditiva– que tenía necesidad de ser tomado en consideración.

En lo que concierne a Didier ¿ha visto a su padre? ¿Le habla a su hijo?

P.: Sí.

F.D.: ¿Dice cosas interesantes?

P.: Sí, pero no está muy comprometido. Es sobre todo la madre, toda la línea materna la que se interesa en el asunto.

F.D.: No digo que no tenga que ver a la madre, pero no el mismo día que al niño. Que venga por ella; pero el día que viene por el niño, que se calle. Y luego, pida que el día que Didier la viene a ver, que venga acompañado de su padre, o de su abuelo. Este niño rodeado de mujeres que no pueden decir más que cosas perfectamente aburridas, sin duda ha deseado permanecer fuera del lenguaje de los adultos, representados casi únicamente por mujeres.

Sería bueno "varonizarlo".

P.: Es una familia en la que él jamás ha sido deseado por las mujeres. La madre, además, no quería más que hijas y la llegada de varones siempre ha sido una catástrofe.

F.D.: ¡Lo que acaba de decir es fantástico! Ese niño percibió muy pronto que como sujeto en un cuerpo de varón no tenía lugar como interlocutor válido. En lugar de hablar como querían las mujeres, como la niña que debió haber sido, prefirió tomar esa condición de ángel, es decir, de ser humano hablante, pero no con el lenguaje terreno.

Este ángel habla un lenguaje distinto al de las mujeres, ignorando todo respecto al lenguaje que hablan los hombres. ¿Y qué hace usted ahí siendo mujer?

Es absolutamente necesario ver al padre y al abuelo. Para ese niño, que no es retrasado —tiene cinco años ¿verdad?— es la edad edípica, y ese lenguaje extravagante es su truco para tener a su madre.

P.: ¿Qué entiende usted por niño retrasado?

F.D.: Didier no lo es por su libido. Lo es en actuaciones. Me hace pensar en otro caso. Recientemente me llevaron a consulta a un jovencito tan inteligente —decía su madre— que era absolutamente necesario hacerle adelantar una clase.

Felizmente, el médico consultante, que también es un psicoanalista experimentado, planteó inmediatamente una serie de preguntas pertinentes: ¿come solo, corta solo su carne, se lava solo, se limpia solo? A cada pregunta, la respuesta era no. "Bueno, dijo el médico, yo no le ayudo a adelantar esa clase a menos que regrese en quince días sabiendo hacer todo eso solo", es decir si ese niño hacía méritos mediante una conquista motriz. Sin ese médico, ese chico iba derecho a la psicosis, porque había sido metido a la escuela pero había seguido siendo todavía el objeto parcial del cuerpo de su madre.

En un mes, ese niño sabía hacerse todo solo.

He ahí también lo que es un niño, hay que saberlo. Antes de que un niño hable, se necesita que sepa hacer todo eso. Sin lo cual se embarca en la sola musicalidad de la palabra y se corta de la sociabilidad del lenguaje.

Es indispensable que un niño, a partir de los cinco años, esté completamente al servicio de su cuerpo, que pueda prescindir de su madre, y que la haya apartado de su presencia para todo lo que concierne a sus necesidades.

P.: Por eso es que en el caso de Didier, me parecía importante trabajar con su madre.

F.D.: De acuerdo, pero lo más esencial consiste en comprender que la inmadurez afectiva está compensada ya sea por un lenguaje marginal, como en el caso de Didier, o por una inteligencia escolar extraordinaria, como en el último caso.

La cuestión es que son niños tan frágiles, que la menor cosa los traumatiza.

Tuve el caso de otro niño de siete u ocho años del que la madre no se podía desprender. Delante de ella, le dije al niño que a él le tocaba ayudar a su madre a prescindir de él y hacerse ayudar por su padre. Y bien, un día, como de costumbre, ella quiso entrar con él a la sesión y él le cerró la puerta en las narices.

La oí que estaba en la sala de espera sollozando. Entonces fuimos su hijo y yo a consolarla. Le dije al niño: "Es porque tú has crecido muy rápidamente y ella no lo esperaba, por eso está triste tu mamá." Entonces él tomó la palabra: "Sabes, mamá, ahora tienes que pedirle a papá que te haga otro bebé, así tendrás ocho años (su edad) para dedicarte a él." Era increíble comprobar la evolución de ese niño que sin embargo estuvo a punto de convertirse en delincuente, sujeto a una madre que no podía prescindir de él.

Así que, en el caso de Didier, por ejemplo, el truco de una lengua como la suya lo obliga todavía a estar en relación con su madre, pues es la única que descifra su jerga. Ése es el fondo de la historia. Pero es menos grave que ser bien educado, para que la sociedad crea que se trata de un niño desligado de la madre. Ahí ya no hay salida.

6

EL PSICÓTICO EN BUSCA DE DOBLE O DE OBJETO SEXUAL — TODO SER HUMANO ES ÚTIL A OTRO — LAS INIMAGINABLES TRANSFERENCIAS DE LOS PSICÓTICOS

P.: Háblenos de la importancia del doble en las terapias de psicóticos.

F.D.: El doble, es el otro parecido, el otro en el espejo, gracias al cual nos sentimos completos y, por el contrario, mutilados cuando no está. Es una manera que tiene el individuo de sentir a otro en sí y de no ser totalmente el sujeto de su deseo. Así ¿quién le habla a quién cuando alguien se tutea en su fuero interno? Ese tuteo, que a todos nos es familiar, nos muestra por otra parte hasta qué punto la soledad es imposible de soportar para el ser humano. Creo que la soledad es algo que no ha sido bien estudiado en el psicoanálisis y que es un estado que deforma.

Muchas de nuestras estructuras psíquicas vienen de la necesidad de negociar la soledad en la que todos estamos. Sin duda es de ahí de donde nace el psicoanálisis.

P.: Pienso más precisamente en la experiencia de los psicóticos que buscan siempre a ese doble de ellos mismos.

F.D.: De acuerdo. Pero no sabemos si un psicótico busca un doble, o si se trata del acecho del objeto sexual ¿y del objeto sexual de qué época? Esto puede ser un objeto de su deseo. Ahora bien, el objeto del deseo existe ya en el bebé desde la primera respiración. No sabemos *a priori* en un psicótico, a qué nivel busca a otro. ¿Es su doble, o por ejemplo lo es todavía sólo al nivel de la placenta que busca su feto? Buscar lo que falta no es *a priori* buscar un doble, es decir buscar al otro que representa realmente al sujeto que busca al acecho de su carencia. En el doble, el sujeto se reconoce a sí mismo en el otro al acecho de la misma carencia que él. El doble es *a priori,* con razón o sin ella, visto como el mismo sexo que el sujeto. Hablando con propiedad, no es otro.

Podría decirse que un doble es un aval existencial, pero no un complementario sexual. Es contrafóbico de la soledad. El doble imaginado o encontrado debe ser en realidad de la misma especie que el sujeto y estar al mismo nivel de evolución libidinal. Debe distinguirse del yo auxiliar constituido por los amigos íntimos, en el sentido de que es muy anterior, pero sin embargo algo del doble se refleja en el yo auxiliar. Sin embargo, el sujeto que busca un yo auxiliar no está afectado por una hemiplegia imaginaria del propio cuerpo, como parece estarlo el sujeto que busca un doble. El sujeto trata de encontrar esta identidad imaginaria en la realidad para fortalecer su narcisismo primario. Si la persona que sirve de doble siente la misma necesidad, entonces, se constituye una pareja de individuos en la realidad. Los que han encontrado una pareja son un poco fetiches uno del otro sin saberlo. Lo que permite su propósito de plantearse la cuestión de una vivencia anterior al esquema corporal acabado, o anterior a un narcisismo primario precoz irresoluto, mientras que ya se hace sentir la necesidad de un complemento erógeno.

La necesidad de la búsqueda de un doble está quizá cercana a una estructura prepsicótica. Pero con seguridad, el psicótico que busca está ya menos afectado que el que no busca.

Porque el que no busca demuestra que ha encontrado, en sus sensaciones viscerales, la presencia de lenguaje de otro. En ese caso, la dificultad de la transferencia consiste, para el analista, en tomar el lugar del que habla en el interior del cuerpo del paciente, es decir en tomar el lugar de las tripas, de los músculos, de las sensaciones ritmadas, de las pulsaciones de la sangre, de todo lo que constituye el otro invisible del psicótico.

P.: Creo sobre todo que un psicótico busca la escena primaria.

F.D.: Sí, por supuesto, podemos decir que busca al aval de su narcisismo primario ¿pero a qué nivel?

Pues el narcisismo primario se construye, en realidad, hasta la adquisición de la etapa de pie en un período en que el niño no posee todavía el lenguaje emisivo verbal, ni una perfecta coordinación motora. El peligro para el que busca ser el otro del psicótico, es decir el psicoanalista, es que está amenazado de disociar él también las bases de su narcisismo primario que integra las pulsiones activas y las pulsiones activas del ello.

Esto me hace pensar en lo que sucede en los músculos antagonistas y agonistas que deben marchar concertadamente para que podamos hacer funcionar nuestro organismo esqueleto-muscular. Por ejemplo: un psicótico agresivo se hace uno con quien puede ser su otro pasivo e, inversamente, con su otro activo, cuando él mismo es movido por pulsiones pasivas.

Pero cualquiera que sea el psicótico, al acecho de objetos parciales de sus pulsiones eróticas cuyos aspectos pasivos pueden ser disociables de los aspectos activos, existe en él, como en todo ser humano, la necesidad del encuentro con un objeto total, es decir con un ser de lenguaje.

Por eso es que es difícil para un terapeuta ser a la vez un ser de lenguaje y una prótesis de las pulsiones del psicótico, cuyo doble impacto pasivo y activo-agresivo está disociado.

Y si a esto se agrega que el objeto parcial, que el psicótico busca, es de una época totalmente distinta de su historia que la que el psicoanalista podría esperarse según el aspecto de su esquema corporal, se comprende que servir de otro a un psicótico angustie al que no lo es.

P.: En el fondo de todo esto ¿no se trata simplemente de la problemática del padre? La dificultad en un análisis de psicótico consiste en que llega un momento en que su paciente le hace experimentar un nivel increíble de soledad. A partir de ahí nos damos cuenta de que sin "padre" no podemos funcionar. Solamente si nos remitimos a eso –un psicótico puede restructurarse con otro sistema– me parece. Pero es un momento extremadamente difícil de vivir para un terapeuta, en la medida en que comprenda que, si no es psicótico, es porque ha elegido la ley del padre para escapar a esa soledad. Uno se libra de ello por lo tanto a costa de su propia división como sujeto.

F.D.: Pienso que hace usted alusión al "nombre" y a la "ley del padre" tal como Lacan los menciona. Me parece que es así en realidad, pero ¿cuando se habla del padre se trata del genitor y se trata de asumirlo tal como ha sido, ausente o carecido? ¿Es el psicoanalista el igual de tal padre?

Pienso que el o la psicótica que percibimos fijado siempre a la escena primaria reivindica un igual a su madre, es decir pulsiones de deseo activo concertadas con pulsiones de deseo pasivo, en el origen de su ser.

Me parece que ésa es la fuente de lo que dice Lacan. Y volvemos al resentimiento disociado precoz de las pulsiones activas y pasivas que han vuelto frágil desde el origen a un ser humano que durante nueve meses cargó su madre en la necesidad de tenerlo, necesidad que puede ser también la del padre, y relega a un segundo plano el deseo mutuo de sus genitores.

En el origen de la fragilidad primera de cualquier psicótico ¿no habría un deseo de su padre o de su madre, de un doble ausente y desconocido, cuyo papel de fetiche sufriría el hijo durante su gestación y en los primeros meses después de su nacimiento?

¿Doble querido o doble angustioso? Con frecuencia los psicóticos han sido cargados como prótesis para ausentes necesarios al narcisismo de su padre o de su madre. ¿Qué es en ese momento el "nombre del padre" y la "ley del padre"? Por otra parte ¿qué entiende usted exactamente por esas expresiones, señora? Háblenos de un caso concreto.

P.: Bueno, pienso en el caso de Eric, un niño de cinco años del que nadie quería ocuparse en el centro en donde yo trabajo y que había sido enviado al médico porque tenía la cabeza grande. Durante su primer año de tratamiento no le puse cuidado, le dejé hacer lo que quería en mi oficina, sin interpretar nada. Esto le permitió adquirir una autonomía motora, poderse vestir, hacer pipí solo, etcétera.

F.D.: De acuerdo. Pero lo que nos interesa es saber cuál era su actitud real. Usted no le hacía caso aparentemente ¿pero cuál era su actitud interna?

P.: Lo que me motivaba en ese momento, era el decirme que tenía necesidad de sentirse solo al lado de un sustituto de su madre, porque ella era muy envolvente y él no llegaba a estar solo cerca de ella. Por eso había decidido no hacerle caso.

F.D.: Quiere decir no espiarlo.

P.: Eso es.

F.D.: Sí, pero usted ¿cómo vivía usted todo lo que él hacía?

P.: A decir verdad, no vivía gran cosa. Pero cuando a fin de año los compañeros me dijeron que Eric había progresado, me sentí muy contrariada, ya que era el único niño del que no me había ocupado realmente.

F.D.: De hecho, tenía pues una actitud de no-ver, no-escuchar, no-mirar. ¿Y qué hacía usted durante las sesiones?

P.: Leía.

F.D.: ¡Estaba ocupada por las palabras de un autor, por lo tanto de otro!

P.: Eso es, y luego, en una segunda etapa, él se puso a molestar a todo el mundo entrando a cada oficina hasta llegar a la mía. Tuvo un largo período de oposición en que vaciaba los armarios arrojando su contenido al suelo. Estaba cada vez más irritada con Eric y acabé por decirle: "Ya no te puedo soportar, en lo sucesivo será un señor el que te atenderá." Efectivamente, un hombre tomó el relevo de su terapia. Un tiempo después, Eric volvió a verme: todos sus síntomas habían cedido y comenzaba a desenvolverse considerablemente en la escuela.

F.D.: ¿Es eso lo que usted llama apelar a la ley del padre?

P.: Simplemente quiero decir que era incapaz de mantener una cierta posición con él, nada más porque era mujer y que preferí decir a Eric —como lo sugiere Winnicott— lo que sentía por él, es decir odio, y que eso parece haber salido bien.

F.D.: No sé... Debo decir que, personalmente, no tengo la experiencia del odio, señora. En todo caso, lo que usted dice confirma la experiencia que tuve hace algunas semanas con Alina, una pequeña. Le dije: "Realmente Alina, creo necesario que dejes de venir a las sesiones, porque no veo ya para qué te puedo servir. Es una carga terrible para tus padres que vienen de muy lejos para acompañarte." Vivían en provincia. No me sentía con el derecho de continuar con un ser humano que me parecía que quería conservar su psicosis como una defensa contra un sufrimiento peor. Para mi sorpresa, Alina entendió lo que le dije, y a partir de ese momento algo nuevo se revolvió en ella. Pero no puedo decir que yo estaba hasta la coronilla. Simplemente ya no sabía lo que hacía, ni si tenía derecho de continuar.

P.: Winnicott no utiliza exactamente la palabra odio, sino un término que significa que el terapeuta no puede más.

F.D.: ¡Bueno, entonces es una alergia! El odio, la alergia, son fenómenos de orden fisiológico. Creo que es necesario decir que ya no es posible cuando sentimos eso... (Silencio). Bueno, no es sorprendente que se llegue a hablar de eso habiendo abordado el tema de la soledad.

P. (otra persona): En efecto, uno se siente solo, en un momento dado, frente a alguien que no desea nada ni quiere salir de su psicosis. Eso no es odio, es más bien ofuscación.

F.D.: Sí, es ofuscación y también es una opción ética. ¿Con qué derecho continuar con un ser humano que visiblemente quiere conservar su *modus vivendi*?

P.: Creo que no hay más que eso. También existe el hecho de que, el decir su propia confusión a un niño psicótico, es ponerlo de pronto ante su inutilidad con relación a nosotros, es decir romper su fantasía de llenar el deseo de su madre.

F.D.: La inutilidad con relación a otro no existe. Todo ser humano es útil a otro, sin lo cual no estaría vivo. Pero el sentimiento de inutilidad existe, y se anuda alrededor de las pulsiones anales. Esas pulsiones están en el origen de una ética de la utilidad, de una ética del "¿para qué sirve eso?"

En efecto, tomados en el sentido de objeto parcial, algunos seres humanos aparentemente no sirven para nada, pero, en sentido simbólico, por su existencia misma, esos seres humanos están ya extraordinariamente insertos en la sociedad, incluso en estado de feto. Miren esas mujeres de salud frágil que se vuelven resplandecientes desde el momento en que están embarazadas. En esos casos, el feto sirve muy bien para algo.

Un ser humano inútil, eso no existe: siempre es indispensable para algo, y nosotros no sabemos para qué.

No me sitúo en un plano utilitario material, sino simbólico.

Volviendo al caso de Eric, ese niño le ha sido a usted indispensable para comprender en ese momento su impotencia para llevarlo más lejos. Lo que no significa que otro pueda hacerlo. En el caso de Alina, el hecho de sentirme importante y de hacerla regresar, así como a sus padres, me hacía sufrir a mí misma. Pero bueno, mi actitud la hizo soltar las amarras. Por cuánto tiempo, no lo sé.

Los psicóticos nos cuestionan hasta un punto en que no habíamos imaginado poder serlo. Todos nos plantean preguntas acerca del sentido de nuestra vida. Cada psicótico es diferente, pero es ahí, en regiones inimaginables, donde se entregan a su transferencia. Porque para muchos de ellos, nosotros tenemos que asumir la transferencia del cordón umbilical, de la placenta, de la corriente sanguínea, de las cosas que no son representaciones humanas, sino cosas indispensables para la vida. Somos para ellos un objeto parcial indispensable para la vida, pero no sabemos cuál. Entonces perdemos toda señal. ¿Qué hacer? ¿qué decir? se convierten en nuestras ansiosas interrogaciones. Creo que es necesario decirles nuestra confusión, verbalizarla, para hacer surgir algo que existía y cuya existencia no percibíamos por el estado de desamparo en que estaban ellos.

Si en ese momento lo ponemos en palabras, pueden soltar amarras, porque nos sienten *uno*. A la inversa, cuando no decimos lo que experimentamos, no representamos para ellos alguien que es *uno* por su palabra. Estamos identificados con un objeto parcial. Por otra parte, porque estamos identificados con un objeto parcial desconocido es por lo que estamos en tal estado de desazón. ¿No lo creen ustedes?

P. (otra más): Pienso que el hecho de decir: "No sé si vamos a poder continuar este tratamiento juntos" significa para aquel al que nos dirigimos que podemos separarnos y continuar viviendo cada quien por su lado. "Yo puedo vivir sin ti, tú puedes vivir sin mí. No somos uno, no estamos ligados, como en una sola persona."

F.D.: Sí, seguramente.

P.: Pienso que esa decisión de decir algo se da siempre alrededor de una situación que gira en redondo desde cierto tiempo atrás y durante la cual no hemos logrado establecer ese mínimo de comunicación con el otro sin el que no hay proceso analítico.

F.D.: Lo que hace la fuerza de una psicosis, es justamente que el psicótico me parece que es el punto de reunión de lo no-dicho de varios "otros" de su familia ¿comprende usted? No es él quien habla. En el caso de Eric, por ejemplo, se trata de un oponente caracterial, y no de un psicótico. A partir del momento en que ese niño dice realmente "yo", con lo que se arriesga a ponerse a prueba, demuestra que no es psicótico. Pienso por ejemplo en lo que pasó en un hospital para niños hace unos días. En mitad de la noche, un pequeño de dieciocho meses que había entrado esa misma tarde se puso a correr por todas partes, a subirse a las camas de los demás mostrando una gran inestabilidad. La enfermera, agotada, llama a la vigilante, que a su vez llama a la joven interna de guardia y le pide que le inyecte un calmante al pequeño.

En lugar de eso, la joven toma al niñito en brazos y se pone a hablarle: "Tal vez buscas por todas partes a tu papá y a tu mamá. Yo sé que en este momento tu papá y tu mamá duermen en casa y piensan en ti. Mira, ahora todos duermen. Pero mañana los papás y las mamás van a venir a ver a sus niños." El pequeño era todo oídos. Luego lo llevó a su cama donde inmediatamente se tranquilizó, mientras la enfermera murmuraba: "Hubiera sido igual de rápido con una inyección." (Risas entre la concurrencia.)

Ese niño, en un estado de tensión corporal que no podía controlar, se había convertido en unos minutos en un tragón descerebrado. Necesitaba mamar palabras que hablaran de mamá, de papá, de mañana y que le hicieran imaginar que su papá y su mamá dormían y también pensaban en él. Evidentemente no era regañándolo, ni siquiera arrullándolo y haciéndolo regresar con una persona desconocida, como la situación hubiera podido arreglarse.

Ante un caso así, era fácil concluir que ese pequeño se oponía sistemáticamente poniendo a todo el mundo a prueba. Pero, en realidad, eso no era así en absoluto. Pasaba la prueba intolerable de no poder aceptar en su cuerpo las pulsiones de muerte que representa el sueño, sin duda porque pensaba que dejándose ir a esa ausencia de vigilancia que es el sueño, su madre y su padre no sabrían ya en dónde estaba, dado que él mismo se sentía perdido en un lugar desconocido.

Cité este ejemplo para demostrar que son las palabras las que pueden ayudar al niño, mientras que con frecuencia los adultos creen que los niños los ponen a prueba para satisfacer demandas que conciernen a la necesidad.

La verdadera relación unificadora y que da seguridad, es la relación de palabra, porque viene del ser que representa la seguridad para el niño, o que habla, al pequeño, de ese ser de seguridad-ahí. Esta palabra es irremplazable y ninguna satisfacción de objeto parcial o de zonas erógeneas la remplazará.

P.: ¿Cuando un niño no habla, es a causa de la falta de palabra de su padre y su madre?

F.D.: Si un niño no habla, nunca es por falta de lenguaje de su parte, puesto que el lenguaje está ahí ya, en la vida fetal. La cuestión me parece que consiste en preguntarse: "¿Qué peligro corre este niño al expresarse?" Todos nosotros debemos respetar el rechazo de un niño al lenguaje. La aparición del lenguaje, en un pequeño, no debe ser una manifestación para complacernos, en caso de que sea un niño que cesa de hablar en lugar de hablar, como muchos adultos, por otra parte. Indudablemente que no es el hecho de hablar lo que nos hace humanos, sino el convertirnos en un ser de deseo, independiente de los deseos de los demás, y todavía más de los de su psicoanalista.

Nuestro papel no es desear algo para alguien sino ser aquel gracias al cual él puede advenir a su deseo. No nos corresponde a nosotros desear que un niño hable cuando no habla para nada. No sabemos lo que esto quiere decir. En fin, no sé, ¿hay otros entre ustedes que reaccionen como yo?

7

LA NEGACIÓN DEL SEXO FEMENINO — LOS "SECRETOS" DE LOS NIÑOS — LOS NIÑOS "PURA MEMORIA" Y LA INTELIGENCIA DIGESTIVA — UN BEBÉ ES UN MODELO QUE EVITA LA SUPERACIÓN DEL MAYOR — EL GEMELO ES UN REPRESENTANTE DE LA PLACENTA — UNA PSICOTERAPIA DE PERSONA MAYOR

P.: Tengo un niño en terapia que me plantea cosas chistosas. El otro día me dijo: "¡Desnúdate!" Quería a toda costa ver como estoy hecha. Simplemente le respondí: "Me puedes dibujar, si quieres." Lo que hizo, poniéndome dos senos y un sexo masculino.

F.D.: Eso es la negación del sexo femenino. Siempre puede usted renarcisizar a un niño en su creencia en el falismo paterno diciéndole: "Creo que si le preguntas a tu papá, te dirá que cuando era pequeño, tampoco quería creer que su mamá no tenía pene." Al permitirle identificarse con su padre, puede aceptar la castración primaria. Pero no se puede ayudar a un niño así con nuestro saber *ex cathedra,* sin lo cual, somos nosotros los que queremos convencerlo. Mientras que, si se identifica con su padre, podrá aceptar la castración primaria, es decir el hecho de que los varones son portadores de pene, pero no de senos. Ésa es la castración para el varón, pero también para la niña cuando es pequeña, puesto que no tiene más senos que el varón.

Para la niña, lo que es muy penoso, es que la madre tiene dos senos y el padre uno solo, pero en otra parte. Y que ella no tiene nada en absoluto: ni los dos senos de arriba, ni el de abajo.

Por otra parte, los niños se burlan de las niñas justamente por eso. Es la razón por la que los psicoterapeutas mujeres deben siempre hablar a los niños de su evolución sexual con referencia al padre. Podemos decir, por ejemplo, a un niño operado de fimosis: "Tu papá te creía demasiado pequeño para explicarte que habías sido operado de la pielecita que cubre tu glande para tener hermosas erecciones cuando seas grande." No hay que privarse de hacerle que haga una representación dibujada o modelada y precisar con él cómo está hecho ese órgano y lo que es la operación de fimosis.

Le puede decir también: "Si alguien hubiera querido destruir tu pene, en lugar de volverlo más hermoso, entonces tu padre lo hubiera matado." Ahí sí, todos los varoncitos están de acuerdo, pues es justamente la amenaza de la castración lo que hace tan preciados sus órganos sexuales.

Alguien que había vivido mucho tiempo en un país africano me contaba que un adulto que no hablara a un pequeño de su sexo hurgándole, diciéndole que se lo iban a cortar, no se consideraba como un adulto que apreciara a los niños.

Eso forma parte de la valorización del pene, esa fantasía del "te lo corto de broma".

No es sorprendente, puesto que el niño, en razón de sus erecciones intermitentes, comprueba siempre que la erección vuelve a pesar de su disminución de volumen, es decir a pesar de ese episodio aparentemente castrante. Por lo tanto está de acuerdo en que se le hable de ese fenómeno de desaparición, y luego de regreso todavía más glorioso de la erección.

La operación de fimosis, bien explicada, es pues una señal de la importancia que une a un padre con el sexo de su hijo. Es una señal de humanización y de dignidad de la erección.

En cambio, las madres que hablan a su hijo de su pipí y de su grifo, cosifican el sexo al utilizar palabras funcionales. El sexo está vivo y expresa emociones, pulsiones en relación con el deseo. Un grifo no tiene deseo, es una cosa manipulada por cualquiera. No es funcional más que para que corra el agua, por lo tanto para la orina. Pero después de dos años y medio o tres, no se puede ya dejar pasar eso. Es el momento en que el niño no puede ya orinar en erección.

Son las palabras apropiadas las que dan un justo sentido de su sexo a un niño.

P.: Actualmente veo a un niño de ocho años, Jerónimo, que

lo trajo su madre porque trabaja mal en clase y en la casa lleva la contra. Desde la primera cita, su madre me ha hablado abundantemente de la primera infancia de Jerónimo. En la segunda entrevista, el padre vino y me contó de su propia infancia, cosa que nunca antes había hecho delante de Jerónimo. En la siguiente sesión, fue Jerónimo quien pidió a su madre que contara de su infancia. Luego le pidió que le hablara de su hermanito, y así sucesivamente.

Yo me siento mortificada, porque después de haber propuesto para terapia a Jerónimo, me preguntó inmediatamente si iba a respetar sus secretos. Entonces, no sé si debo continuar recibiendo a la madre y al padre ni cuándo comenzar mi tratamiento con Jerónimo.

F.D.: ¿De qué dice usted que sufre exactamente Jerónimo? Me parece evidente sobre todo que él viene a identificarse con su madre quien, de hecho, comenzó una psicoterapia con usted. Él viene a rivalizar con ella.

Es como esos niños listos para una psicoterapia, para la música, la danza o cualquier cosa, porque un hermano o una hermana lo hacen.

P.: Sí, pero ¿el problema del secreto?

F.D.: ¿Cree usted realmente que sea necesaria una psicoterapia para decir un pequeño secreto? Yo le preguntaría: "¿No puedes decirle ese secreto a tu madre? Quizá se lo puedas decir a tu padre." Y si es un secreto que lo hace desgraciado, decirle a Jerónimo: "¿Por qué no puedes guardar tus secretos, o confiarlos a un camarada? ¿Por qué es necesario que me los digas a mí? ¿Qué es lo que no funciona con ese secreto?" En realidad, lo que la mayoría de las personas quieren hacerle saber en esos casos es la razón por la que no pueden guardar el secreto, mucho más que el secreto mismo. Sabemos bien que hay un período en la infancia en el que todos los pequeños vienen a susurrarnos secretos al oído. Con frecuencia no dicen nada. Es simplemente un pretexto para tener una intimidad con uno, y confiar algo excluyendo a los demás.

Los animales domésticos sirven como depósitos de secretos, no los psicoanalistas. Actuar como terapeuta consiste en trabajar: ¿por qué el niño me lo cuenta y con qué objeto? Tal vez Jerónimo cree que su madre le cuenta secretos. Ahí está.

P.: Recientemente nos habló usted de niños con riesgo de volverse psicóticos si se les mete demasiado pequeños a la escuela primaria, porque se ponen a aprender cosas como simples pericos.

F.D.: Dije simplemente que en algunos casos es un gran peligro para un niño alineante únicamente dentro de una gran memoria y tener una inteligencia verbal de loro.

Esta inteligencia es simplemente digestiva puesto que en clase no se apela más que a las pulsiones orales y anales. Un niño que entra a clase sin haber alcanzado el nivel genital y edípico está definitivamente habilitado para seguir siendo infantil en el plano afectivo.

Es peligroso para algunos que pueden volverse psicóticos. Pero si salen bien en clase, su psicosis no se revelará sino en la pubertad, porque viven su pubertad con un conocimiento pre-edípico ya que no tienen ni idea de su sexo. En ese momento, algunos entran en un autismo, o en lo que se llama la demencia precoz, donde son perseguidos por una agresividad anal contra su propio cuerpo. Deliran a propósito de alguien que les atormenta sin cesar, proyectando su sexualidad en otro, puesto que ellos mismos nunca han asumido que tienen un sexo. Hasta ahí, eran buenos alumnos, y, de pronto, su escolaridad cae completamente.

Pero pueden también seguir siendo sujetos brillantes, sobre todo en matemáticas, pues no desarrollan más que una inteligencia lógica, es decir una inteligencia anal siempre binaria. Cierto/falso, cierto/falso. Ahora bien, lo genital nunca es cierto/falso: es lo afectivo lo que gana terreno ahí, y es siempre cierto en un sentido y falso en el otro. Es necesario que la imaginación pueda vivir y tener actividades que permitan a las pulsiones anales y orales ponerse al servicio de la cultura.

En la cultura es donde puede expresarse lo que es reprimido.

Todas las pulsiones parciales del placer de ver, de oír, de

tocar, de jugar y de ser diestro con su cuerpo son muy importantes para un niño que comienza su escolaridad. Por eso me parece esencial desarrollar la música, la danza y las artes en la escuela, más que el saber mental.

Lo mismo, por ejemplo, que la habilidad de los jóvenes con los patines de ruedas me parece más necesaria que la escolaridad en muchos niños: les impide convertirse únicamente en cabezas sin cuerpo.

Felizmente, en la actualidad está de moda la ecología que les permite hacer paseos, interesarse en la naturaleza, en el cosmos, en los vegetales, en los minerales, en los animales y sublimar muchas de esas pulsiones, que no utilizan en absoluto en la escuela. Esto no pertenece al saber, sino al vivir. Y después de todo, el saber no es más que una pequeña parte de la vida.

La escuela no responde a la verdadera curiosidad de los niños. Afortunadamente, al enseñarles a leer y a escribir se les permite tener respuesta a su curiosidad fuera de la escuela; con la condición, por supuesto, de que los padres no sean demasiado obsesivos y dejen tiempo a los niños en la jornada para esto, así como durante los días de descanso.

Esta escolaridad se convierte hoy en día en una inquietud obsesiva de los padres. Muchos no se interesan en absoluto en las disciplinas abordadas por sus hijos, sino que simplemente piden resultados. Los padres necesitan comer buenas calificaciones. Entonces, en la cabeza del niño, se obtiene esta ecuación: las buenas calificaciones hacen cagar monedas —y las malas ¡hacen cagar golpes!

Todo esto se desarrolla de un modo puramente digestivo, que es dominante actualmente.

P.: ¿Qué hacer con un niño pequeño, completamente normal, pero que comienza a tener regresión con el nacimiento de otro hijo?

F.D.: Justamente en este momento veo a Paul, un pequeño de tres años que vive el drama del nacimiento de su hermanita. Este niño se volvió de pronto agresivo e intolerante. Sufre mucho de celos, felizmente por otra parte, pues está en vías de cosechar el fruto de tal sufrimiento: le permite aprender a dominar su agresividad. La lamenta, pues a pesar de todo quiere a su hermanita. Pero no puede amarla realmente, puesto que para él amarla es identificarse con ella, es decir consigo mismo, cuando era bebé y, además, con un bebé de otro sexo.

Esta nenita representa para él, de manera insólita, un modelo que le impide el desarrollo y le produce un efecto regresivo, contrariamente a todos los seres humanos tomados como modelos hasta ahora. Cuando un niño ama a sus padres, ellos son una imagen de él adulto, pero cuando ama a un pequeño, él es una imagen de sí anterior. Por lo tanto, en la lógica de los niños, ese niño es peligroso, hay que defenderse de él agrediéndolo. Es necesario rechazarlo, no comérselo con los ojos ni con los oídos. Hay que cagarlo. Todo el trabajo del terapeuta consiste en decirle que ese bebé no es interesante. Que su padre, cuando era pequeño, no encontraba interesantes a los bebés y que, ante todo, él es el grande.

Esta fase puede ser el origen de problemas graves si la prueba no se supera porque su actitud permanece incomprendida por los padres. El niño se siente entonces censurado por estar normalmente vivo.

Así, Paul, durante los tres días que siguieron al nacimiento de su hermanita y no obstante que estaba todavía en la clínica, perdió la movilidad de los brazos. Su padre tenía que darle de comer en la boca. Paul había regresado a una imagen del cuerpo anterior a la suya actual para poder integrar este ser nuevo y poderlo amar.

Por otra parte, ése es el mismo mecanismo que crea tantas dificultades a las madres de psicóticos cuando su hijo se cura.

P.: ¿Se pueden tomar gemelos juntos, en análisis, aunque tengan dificultades diferentes?

F.D.: El gemelo es un representante de la placenta. Los gemelos no pueden resignarse a perder la placenta de la misma manera que los otros niños, su gemelo representa a la vez la placenta y la escena primaria de los padres. Es clásico comprobar que cuando se atiende a un gemelo que tiene problemas escolares a partir del último año de primaria, su hermano gemelo, aunque haya sido buen alumno hasta entonces, comienza a sentirse perturbado en los meses siguientes. Y esto se comprueba igualmente en los falsos gemelos, es decir, los hijos que han sido criados juntos y que tienen una diferencia de doce a quince meses. El mayor apenas caminaba o estaba todavía con biberón, cuando nació el hermanito o la hermanita.

Digamos, por ejemplo, que uno de los falsos gemelos no es muy evolucionado: si se le toma en psicoterapia, el otro, que hasta entonces se desarrollaba perfectamente, se descarrila. Afortunadamente, esto con frecuencia es momentáneo. Cuando uno de los dos se vuelve autónomo, gracias a la ayuda de una persona de fuera, esto desquicia completamente el equilibrio del otro. Si es la misma persona la que los reúne de nuevo, ella les sirve de placenta. ¿Comprende usted ahora por qué cada uno debe ver a alguien separadamente, para él solo?

A propósito ¿se ha preguntado usted por qué las ciudades y las naciones, en los mitos de los pueblos, son fundadas por gemelos? En África, en Europa, en Asia, por todas partes. Todos somos gemelos al principio, gemelos de nuestra placenta.

Frecuentemente, en nuestra clínica nos encontramos en presencia de un gemelo activo y de un gemelo pasivo. Esto quizá se explique por el hecho de que, en la economía de las pulsiones, uno de los dos expresa más las pulsiones pasivas, y el otro las pulsiones activas. Uno hace el papel de niña, el otro de varón. Es una manera de tener un yo dicotomizado y, para cada uno, singularizarse artificialmente frente a su madre, viviendo de las pulsiones que no asume más que por poder, gracias al otro.

¿Ha leído usted ese estudio acerca de los quintillizos gemelos y trillizos en Sudamérica? Su padre los separó desde el nacimiento, confiando cada uno a una enfermera diferente. Los niños se encontraban solamente en vacaciones. Después de algunos años, todos eran distintos, intelectual y físicamente.

La cuestión de los gemelos es pues más que nada un asunto de educación y, por otra parte, es por ello que los falsos gemelos tienen problemas parecidos.

P.: ¿Se pueden tomar en psicoterapia personas de edad avanzada?

F.D.: Solamente en psicoterapia, no en análisis. Hay que saber que la cura de una persona mayor produce efectos inesperados en sus relaciones. Tuve esta experiencia con una mujer de setenta y nueve años que pasaba su tiempo, desde hacía diez años, contando a los miembros de su familia las historias de unos a los otros y viceversa.

Esto provoca interminables estallidos entre las diferentes familias, los parientes políticos, etc. Esta mujer estaba verdaderamente torturada porque sus relaciones con sus hijos se habían vuelto imposibles, a tal punto que evitaban verla.

Vino pues a verme en tal estado de depresión que pensaba que se iba a ver obligada a meterse a una casa de salud. En realidad no tenía nada, era simplemente la necesidad de hablar con alguien. Inmediatamente empezó con sueños de transferencia, muy vivos, en los que yo era una mamá joven, y ella, que en realidad es una anciana casi impotente, era una niña pequeña. Soñaba recuerdos de infancia y olores de hombres y de mujeres. Principalmente que iba a recoger flores [guisantes de olor] —¡el olor de los pies!— y en ese significante, de los pies, está por supuesto espiar.

Analicé este "espiar" con ella, explicándole que sus hijos, que oían que sus hermanos les decían las pequeñas cosas de su vida que ella les había repetido, se sentían espiados por ella.

Mientras que en realidad, llena de cuidado y amor por los suyos, ella no encontraba qué otra cosa decir a sus hijos, sino lo que le interesaba a ella misma, es decir anécdotas familiares de sus vidas.

Muy pronto volvió a ponerse a vivir, a disfrutar plenamente de la primavera y de sus hijos que volvieron a verla. Toda la familia se movía alrededor de ella, cada quien recuperó su lugar en un orden familiar. Hace ya tres años que esa mujer sigue una psicoterapia conmigo, a razón de una sesión cada quince días, sin llegar sin embargo a resolver la transferencia.

Me voy a ver obligada a seguir hasta su muerte. Trato de espaciar las sesiones, pero cada vez que me telefonea, me dice: "¡Pero usted no puede hacerme eso!" Entonces pienso que quizá fallé al final de su tratamiento, pero que en lo que concierne a las relaciones entre señoras ancianas ¡funciona cómicamente bien!

Al principio de nuestras entrevistas, le fijé un precio de 120 francos por sesión. Para mi sorpresa, preparaba cada vez por anticipado ¡1 200 francos antiguos! Pero entre sesión y sesión yo recibía una docena de hermosas rosas como pago, a tal punto que mi sirvienta, también de cierta edad, la llamaba "la dama de la rosa", lo que la complacía mucho.

Esperé varios meses antes de que apareciera esa dificultad para comprender los francos nuevos. Esto entrañaba pleitos y exabruptos con sus hijos que la ayudaban a llevar su contabilidad y recibían regularmente cheques devueltos por sus proveedores. El día en que ella abordó el problema, pude decirle riendo que yo también me había dado cuenta. Se quedó muy confusa, pero sus rosas entre las sesiones demostraban que me había pagado con su corazón, le dije, lo que era mucho más importante.

Después de esa sesión, comenzó a comprender algo de los nuevos francos, esos 120 francos, que ella llamaba los 12 000 francos antiguos. En el curso de la primavera que siguió al inicio de su tratamiento, me dijo: "¡Es extraordinario, hace quince años que no había visto la primavera!" "¿Por qué quince años y no diecisiete o veinte?" me pregunté yo.

Comprendí en seguida que esos quince años correspondían al tiempo transcurrido desde la partida del hogar del menor de sus hijos.

Su depresión desapareció, y sin embargo tenía un año más en sus piernas y sobre sus espaldas.

En este momento, parece que está haciendo una transferencia lateral con otra persona que la llevó a la Ópera. Pero esto no significa el final de su transferencia conmigo. Hay que decir que la vejez es muy dura porque todos los amigos desaparecen. Ahora que va bien, sus sueños son felices, aunque encuentra en ellos a todos los que fueron sus amigos y que ya han muerto. Pero dice que pasa así noches muy agradables, con sus amigos fallecidos a los que reactualiza, como si estuvieran vivos y le hicieran compañía; aunque puedo decir que represento en su transferencia a todas las personas que ha conocido y que soy también su joven mamá.

Ella es como los niños que dicen que su madre tendría ciento cincuenta años.

Gracias a su tratamiento, recobró una salud psíquica que le permite tener intercambios animados con todo el mundo día tras día.[1]

1 Para quienes se interesen en personas de edad avanzada que viven en casas de retiro y tienen necesidad de psicoterapia, aconsejo la lectura de: *Histoire de Louise* por Michèle Dacher y Micheline Weinstein, París, Ed. du Seuil, 1979, así como informarse en la Association internationale de gérontologie psychanalytique, Centre psycho-médical et social, 40, rue des Boulangers, París, 75005 (354 72 53).

8

EL EDIPO DE LOS NIÑOS BILINGÜES — EL LENGUAJE ES UN HIJO INCESTUOSO — EQUIVALENCIA DE LA VAGINA Y DE LA BOCA EN LAS NIÑAS

P.: ¿Cuál es la importancia respectiva, para los niños, de su lengua privada y de la del lenguaje social?

F.D.: Les voy a contar las dificultades de Isabelle, una niña hija de una familia de lengua hebraica e inglesa instalada en Francia.

Los padres hablaban siempre inglés y hebreo en familia o con sus amigos, pero jamás utilizaban el francés aunque lo sabían.

Isabelle hablaba corrientemente las tres lenguas, pero no empleaba el francés más que con la sirvienta, la única persona a la que se hablaba en francés en esa casa. Un día, la familia estaba de vacaciones a la orilla del mar con amigos y sus hijos, que se encontraban en la misma situación lingüística.

Los niños de los amigos, al volver de la playa cuentan a su madre todo lo que les ha sucedido durante la tarde. Pero lo hacen en francés, al calor de su entusiasmo. Isabelle, oyendo eso, le pregunta a su madre: "¿Está permitido hablar en francés a los padres? ¿Tenemos derecho? Yo creía que estaba prohibido y que si uno hablaba en francés no pertenecía ya a la familia." Descubría así a sus aturdidos padres que se imaginaba que sería excluida de su familia si no hablaba hebreo o inglés con ellos.

Los hijos de los amigos habían desempeñado un papel de "yo auxiliar", permitiendo a Isabelle identificarse con ellos puesto que estaban en la misma situación que ella.

Por otra parte, ella tenía muchas faltas de ortografía y de cálculo, lo que la ponía en desventaja en clase. Su madre hubiera podido ayudarla, pero no hacía nada al respecto. Por lo tanto le sugerí al padre ocuparse de las redacciones y de los problemas de cálculo de su hija hablándole en francés, pues él redactaba y calculaba en su lengua materna, el hebreo. A partir de ese momento, la ortografía de Isabelle mejoró y desaparecieron sus problemas de cálculo.

En efecto, para ella, efectuar todo ese trabajo en francés, sabiendo que su padre lo hacía por su lado mentalmente en hebreo, la hacía separarse de él. Todo consistía en meterlo en el juego; a partir de ahí, ella podía trabajar en francés, conservando al mismo tiempo su femineidad.[1]

Este ejemplo nos muestra que la lengua social, en este caso el francés, provocaba primero separar a Isabelle de sus padres y luego romper su Edipo con su padre, puesto que ella no trabajaba ya en la misma lengua que él.

Cada vez que yo iba con esta familia, Isabelle ponía sobre mis rodillas todo lo que yo acababa de dejar en la entrada: abrigo, paraguas, sombrero, guantes, sus juguetes y todos los objetos que caían en sus manos. Su madre me dijo, sorprendida, que solamente hacía eso conmigo. Y en esa época, yo no comprendí que esa especie de comercio de objetos que ella mantenía conmigo era un lenguaje que invocaba palabras. Me pedía que pusiera un nombre en francés a cada objeto, puesto que yo era una de las pocas personas con las que su madre hablaba francés.

Si yo hubiera reaccionado en el sentido en que ella me indicaba, esto probablemente le hubiera permitido utilizar el francés mucho más pronto en sus relaciones con sus padres, mientras que solamente lo empleaba con la sirvienta, que sabía que estaba al servicio de su madre, pagada por ella, lo que no era igual.

Los niños sienten muy bien la diferencia de identificación: "Si me identifico con la sirvienta, no tendré el tipo de relación que mis padres tienen entre sí o con las otras personas grandes."

Por otra parte, es en ese momento cuando empieza y se arrai-

1 Sus pulsiones orales y anales podían entonces ser castradas y servir para entrar en comunicación con su padre, mediante los objetos parciales de transferencia: en ese caso, sus actividades escolares.

ga la toma de conciencia de un estatuto familiar en un niño; es ineluctable y necesario. Si este proceso no comienza así, lo hará de otra manera, porque la ilusión de un niño es identificarse con las personas que siente que estimulan el deseo de sus padres.

Cuando un niño oye a sus padres enfrascados en una conversación muy animada, es el estilo del lenguaje lo que quisiera poseer y reproducir después.

Existe un ideal fálico representado por el lenguaje, que expresa el deseo, la alegría y la excitación de los padres. Como prueba de lo que afirmo, si ustedes prestan atención, notarán, al hablar con otros adultos en presencia de sus hijos, que estos últimos reproducen con frecuencia en silencio la mímica de sus padres. No saben de qué hablan, pero quieren situarse al unísono de los afectos de sus padres y no de los de sus interlocutores.

Todo el comercio de los objetos parciales que efectúa el hijo con los padres, todas las palabras que significan esos objetos parciales, todos los comportamientos, todos los verbos, todo lo que hace el lenguaje, en fin toda esa relación de deseo con los padres, termina por dar un fruto: la comunicación por el lenguaje. El lenguaje es un hijo que los pequeños engendran con los padres, es necesario por lo menos no negarlo. El lenguaje es pues un hijo incestuoso, pero no sólo eso, puesto que con ese mismo lenguaje uno puede comunicarse con otros.

Lo que quiere decir que el lenguaje hace a los padres también "yo auxiliares" con la misma marca que los otros miembros de la sociedad. Pero al mismo tiempo, de la misma manera hay que conservar una relación de deseo con los padres. Por lo tanto, las pulsiones orales sublimadas deben continuar proporcionando un intercambio con los padres para dar un fruto —el lenguaje— que no es tan sublimado como aquélla.

Cuando un niño pide de comer —u otra cosa—, insiste sin éxito y mide hasta dónde puede presionar antes de encontrar algo prohibido; está en pleno erotismo puesto que lo hace para sí y no con un objetivo o en un contexto de sociabilidad. No debemos pues olvidar nunca que permanece siempre como una "parte del fuego", la del incesto, en las pulsiones orales o anales, incluso sublimadas.

Y no se comprende bien esto más que con niños plurilingües, que ponen en evidencia que la lengua hablada en la intimidad de los dos padres, es la lengua del Edipo. Y que si el niño se socializa en otra lengua, que el padre no utiliza, va a producirse una castración total del niño con su padre.

En Francia, un niño se pone a escribir, a calcular, a contar para "los señores que hablan francés", pero no cuenta para los que hablan otra lengua.

En el caso de Isabelle, se necesitaba que el padre mostrara su fuerza al contar y escribir en francés, para que ella tuviera el derecho de hacer lo mismo.

Son episodios que pasan desapercibidos entre padres e hijos franceses.

P.: Pero sin embargo muchos padres franceses no se ocupan nunca de los resultados escolares de sus hijos. ¿Cómo se forman entonces estos últimos?

F.D.: Sobre opciones sexuales por sus maestros de escuela y sus maestras, pero sin Edipo con sus padres. Se forman pues finalmente dentro de una relación homosexual. Las pulsiones arcaicas continúan siendo heterosexuales u homosexuales, con el padre o la madre según el sexo del niño, pero las pulsiones genitales no se viven más que con los educadores, pues no es más que con ellos con quienes es posible engendrar un fruto en una relación de cultura y de saber.

Voy a citar un caso clínico de esta naturaleza en el que un niño de once años me pareció que retrocedía en su desarrollo genital para demostrar a su padre que no era ni su superior ni su igual. Yo atendía a ese niño en 1941. Los maestros de la escuela comunal lo habían hecho pasar al sexto de liceo, lo que, en esa época, era una promoción, puesto que lo juzgaban demasiado inteligente para permanecer en la comunal. Este niño tomaba cursos de inglés y la primera vez que llevó un libro de inglés a su casa mojó su cama esa misma noche. Como ese síntoma se repetía desde hacía varios meses, me lo enviaron.

Tanto para el padre como para el hijo, la promoción social fue un traumatismo. Hablando del asunto con el padre y precisando bien lo que había pasado al principio de la entrada de su hijo al sexto, comprendí la irritación del padre que veía a su hijo aprender el inglés sin que él, un hombre inteligente, pudiera serle de alguna utilidad o ayuda.

El síntoma de enuresis fue el medio empleado por ese hijo para decirle a su padre: no soy ni tu igual ni tu superior, sigo siendo tu niñito. La promoción a la enseñanza secundaria era en ese caso un lenguaje sociocultural que arriesgaba romper el lazo de filiación entre el hijo y el padre, y viceversa, tanto más cuanto que la madre estaba orgullosa de pensar que su hijo iba a convertirse en señor. En ese caso, el trabajo psicoanalítico con el padre fue mucho más importante que el que tuve que hacer con el hijo.

Afortunadamente, hubo ese síntoma que concernía a lo uretral, pues fue gracias a ese grito de socorro como el padre pudo descubrir —detrás de sus celos aparentes, de su fracaso y su sentimiento de inferioridad— que estaba muy orgulloso de su hijo y que él mismo, que había sido bueno para el estudio, iba a realizarse a través de su descendencia. Sin miedo a ser superado por un hijo del que no se hubiera sentido digno padre.

El hijo había reaccionado a esa promoción social como si la sociedad demoliera el tabú del incesto. Por el estudio de esa lengua que su padre no poseía, él seducía a su madre y castraba a su genitor como si, en su imaginario, lo cultural fuera un valor sexual.

Para volver al caso de Isabelle, tuvo una hermanita y, cuando ésta estuvo en edad de hablar, Isabelle se dirigía a ella en francés en presencia de la sirvienta y en inglés delante de su madre.

El adulto presente representa pues un yo auxiliar homosexual, es decir que Isabelle se volvía realmente *como la mujer que quería ser de adulta.* Hablaba pues a su hermana menor la lengua de la mujer que se encontraba presente. Es decir que deseaba que su hermanita la considerara como la persona grande presente para tomar el lugar de esa persona adulta y suplantarla.

He ahí un caso de rivalidad homosexual que es uno de los componentes normales del Edipo. Ahora que ambas han crecido, hablan francés entre ellas: las veo llevarse bien cuando voy a su casa. Cuando alguna de ellas quiere decir a su madre algo de la otra en mi presencia, lo hace en inglés porque sabe que lo entiendo mal. Es realmente un *aparte* entre ella y su madre como diciendo "acabo de hablarte de mi hermana que me fastidia y eso sólo nos importa a nosotras".

Es el mismo fenómeno cuando los niños llegan a contar algo a su padre o a su madre en plena conversación con invitados: ése no es un lenguaje social, es un lenguaje dual que el niño utiliza exclusivamente con cada adulto tutelar y que varía en función de este último. La clave de tal lenguaje podría traducirse así: "Cuando te digo algo a ti, no debes decírselo a los demás."

Me parece que es muy importante en psicoanálisis descubrir los diferentes códigos que utiliza un niño en función de las personas a las que se dirige o a las que no quiere dejar participar en un intercambio dual.

¿Han notado ustedes que durante las sesiones algunos niños les llaman mamá en ciertos momentos y papá en otros más raros? Sobre todo cuando se es mujer. Esto se produce porque ustedes son un objeto de transferencia y porque es así como comprenden lo que ellos están en vías de transferir, y que transfieren.

Ellos expresan las diferentes facetas del yo. Por otra parte, el sentimiento de la responsabilidad de los que dicen es muy diferente según la persona a la que el niño se dirige. Dice una cosa a alguien y a otro le dice lo contrario. ¿No actúan a veces así los adultos? La comunicación se establece con las diferentes facetas del yo, según los interlocutores, ignorando todo de las demás facetas. Realmente hay que escuchar lo que dicen los niños y lo que quiere decir hablar, palabra por palabra. Así es que cuando un niño les cuenta cosas que son más bien "para llorar" o más bien "para reír", pero que pertenecen a lo imaginario, definitivamente hay que hacerlos pasar a otra representación, es decir hacerlos representar, por medio del dibujo o del modelado, lo que acaban de decir.

Y en ese momento plantear la pregunta: "¿Esto es de lo de verdad o de lo de para reír?", y ahí el niño les contesta. Hay lo "de verdad para reír", lo "de verdad de verdad", lo de "para reír para reír", y lo "de para reír de verdad". Todo en matices. Así es como hay que hablar con los niños, de otra manera nunca sabrán si tienen que ver con una fantasía o con la realidad, sobre todo cuando se trata de historias sexuales. Es en los detalles al hablar donde ustedes pueden reconocer si es cierto o falso, y nunca de otra manera.

Cuando el hecho ha sucedido realmente, el niño hace una especie de descripción realista en la que nadie hubiera pensado, en un estilo completamente original. Hay el caso de una escena de seducción. Por ejemplo, "una escena de lo de verdad de verdad" se descubrirá por medio de pequeñas observaciones muy realistas que el niño repetirá aunque no tenga nada que ver con el erotismo de la situación. Por ejemplo, la descripción de un suceso insignificante: "Mis calzones, eso le molestaba, entonces él dijo: bueno, no importa, tus calzones se pueden romper. Yo estaba muy molesta y por eso es que los escondí en el matorral, para que mamá no los viera."

Para la niña, es una historia de "buscarse una reprimenda por unos calzones". Sin relación directa con la escena de seducción de la que, por otra parte, no se dio realmente cuenta de que había sucedido.

Es por esos pequeños detalles como se puede saber si el acontecimiento se desarrolló en la realidad. Para el niño si hay deseo, es real para él, mientras que no necesariamente lo es para la persona de la que habla.

Es muy difícil establecer la diferencia entre un niño que habla de fantasías mezclando con ello un poco de realidad y un niño que habla de la realidad agregándole una pequeña fantasía típica.

P.: ¿Podría usted desarrollar la equivalencia de la vagina y la boca en la niña y sus diferentes implicaciones?

F.D.: De que para la mujer la vagina está asociada a la boca, tenemos la prueba de las anorexias mentales, como en el siguiente caso, por ejemplo: una joven frígida, vagínica, de origen canadiense y casada con un francés al que adora, no puede tener relaciones sexuales cuando sabe que está en período fértil. Comienza un análisis conmigo por esa razón. Fue criada en una secta cristiana particularmente severa —los evangelistas, creo— en medio de una mafia de mujeres, abuelas, tías abuelas, primas, etc. El padre con frecuencia estaba ausente por su trabajo. No se han divertido mucho en esa familia y nunca tomaron a broma los ayunos que eran bastante frecuentes. Más aún, ninguno de los miembros de la familia debía exteriorizar el placer que le procurara la menor cosa. Principalmente en la mesa, donde nadie tenía derecho a repetir un plato, aunque fuera un plato de ayuno, a base de pescado.

Lo que por otra parte siempre frustró mucho a mi paciente, a quien le encantaba el pescado. Una vez, tuvo la desgracia de dejar entrever que le gustaba un plato de pescado, entonces la mafia de mujeres decidió inmediatamente imponer para los días de ayuno el único pescado que a ella no le gustaba.

Pero en ningún momento criticó ella esas actitudes, solamente me contó cómo había sido educada. Un buen día, al final de una sesión, me dijo, confusa, que no había podido todavía contarme un sueño que se había repetido ya. Tres sesiones después, volvió a ese sueño que continuó repitiéndose, y de pronto me lo dijo: daba de comer bisteces a su vagina, como se da a los animales salvajes.

La siguiente vez, me anunció que estaba completamente curada y que le había contado el sueño a su marido quien le respondió con humor: "Pero yo soy una carne mucho mejor que la que se les da a los animales salvajes, tú eres mi tigre." Y listo; en tres meses estuvo curada.

Para ella todo se desarrolló alrededor de una historia de prohibido oral desplazada a la vagina.

Se ve ahí un buen ejemplo de boca privada de todo placer, que está obligada a identificarse con el hocico de un animal salvaje para permitirse vivir "a lo salvaje", con un esposo amado en un plano civilizado.

Este desplazamiento de la oralidad a la vagina es en realidad completamente clásico en las mujeres, porque es una abertura de deseo, y de deseo prohibido, una abertura a la promesa de placer y de fecundidad.

Para esa mujer, lo prohibido del placer oral había actuado sobre lo prohibido del encuentro sexual con su marido y sobre su promesa de fecundidad.

Era incapaz de identificarse con esas mujeres que hacen remilgos frente a cualquier cosa que pueda proporcionarles placer. Por otra parte pienso que el descubrimiento tuvo lugar en su análisis cuando se preguntó por primera vez en su vida si su madre habría experimentado placer en sus relaciones sexuales.

Era hija única y hasta entonces pensaba con horror que su madre había tenido que hacer eso por deber y sumisión conyugal.

Este caso les muestra muy bien que esa vivencia salvaje del sueño indicaba la identificación de una vagina que no había entrado en absoluto en la civilización. Había entrado en la represión total y ante todo se necesitaba que pasara por ese salvajismo que parecía satisfacer una necesidad. Por eso es que, en el sueño, tomó como mediadora esa imagen de bestia hambrienta de necesidades. Para poder aceptar luego la verdad: se trataba del deseo.

9

UN EJEMPLO DE ENCUENTRO MORTÍFERO — LAS CONVULSIONES: UNA SOBREXCITACIÓN PULSIONAL SIN PALABRAS — EL SUJETO ES RECEPTIVO HASTA EN ESTADO DE COMA

P.: Una joven madre de familia viene a consultarme porque teme que su hijo se vuelva esquizofrénico. Está sola e inmediatamente se pone a hablar de ella, de sus dificultades de pareja. No dice casi nada del hijo. Esta joven ha sido enfermera y conoció al que iba a ser su marido al final de sus estudios. El hombre siempre se negó a llamarla por su verdadero nombre, Simone, para llamarla Marie-Pierre. También la obligó a dejar su oficio y la hizo estudiar psicología.

Después que ella hizo su primer año de estudios, se casaron y tuvieron un hijo, François, a propósito del cual me ha venido a consultar.

Ese día, Simone solamente me dijo que François le planteaba múltiples problemas, que había nacido con un dedo de más en una mano, una anomalía de las articulaciones de la cadera, como su padre y su abuelo materno, y que tenía un lunar en el cuero cabelludo.

Además, su madre creía que François era un poco débil mental e incluso esquizofrénico.

Le pregunté qué le hacía creer eso y sólo me respondió que no estaba bien, que era encefalópata y que no podía continuar hablando. Se fue muy perturbada.

François tenía tres meses en ese momento.

Luego, ninguna noticia, hasta que, tres meses después, me telefonea llorando y en una angustia disparatada, para decirme que quiere verme sin excusa ni pretexto para hablarme de François.

Le digo que venga a verme con el niño. Llega cargando a

su hijo en un portabebé, lo que me sorprendió dado que François tenía entonces seis meses.

Me dirigí directamente a su hijo diciéndole: "Mira, tu madre está inquieta por ti, desde que estás aquí le planteas muchos problemas, y vamos a hablar de eso."

El niño no se interesaba en absoluto en lo que yo le decía.

Simone me dice: "Mire, este rapaz ni siquiera la mira, está todo el tiempo así, y además ni me quiere."

A lo que le respondí: "Sería mejor que hoy me hablara de usted", y dejé al niño en la sala de espera.

Simone comenzó por hablar de su embarazo que había sido muy angustioso porque su marido le había dicho antes claramente que no quería hijos. Pensó en abortar, vaciló y finalmente decidió conservar al hijo. Surgió entonces una idea fija: su hijo no tendrá la cabeza normal.

Para tranquilizarse pide que le hagan una ecografía, por cuyos resultados el médico le anuncia que en efecto su feto tiene una cabeza anormalmente pequeña. Simone está ya convencida de que su hijo será débil mental.

El parto pasa bien, pero se le informa que François está afectado por diferentes anomalías. Sin embargo, el médico omite hablarle de la malformación de las caderas.

Tratando de tranquilizarse, Simone pregunta al interno: "¿Pero mi hijo es por lo menos intelectualmente normal puesto que tiene diez en su APGAR?" [1]

El interno le responde: "Sí pero usted sabe, hasta con un APGAR de diez, se puede ser un gran débil mental."

Simone se siente entonces culpable de haber traído al mundo a ese hijo a pesar de la negativa de su marido. Me dice también que era un niño que no reclamaba sus biberones y nunca gritaba, al punto que hubiera podido dejarse morir de hambre si no se le hubiera dado de comer. La mayor parte del tiempo estaba tan tranquilo, que sus raras lágrimas procuraban a su madre una especie de gozo.

Cada vez más persuadida de que su hijo no puede ser más que débil mental, Simone le hace padecer numerosos exámenes.

1 Examen médico que se practica a todos los niños al nacer. Numeración de 1 a 10 de la motilidad, del grito, de la coloración de la piel, de los latidos cardiacos, del ritmo respiratorio.

Despúes de uno de ellos, un médico le entrega un informe diagnosticando un retraso psicomotor. Me dice: "Ve usted, está escrito en el papel."

Entonces me digo que es necesario empezar con Simone un trabajo en el curso del cual ella pudiera intentar expresar delante de François el sentimiento de rechazo que experimentaba hacia él.

Tienen lugar algunas sesiones entre los tres. Ella me dice que no había amamantado a su hijo para complacer a su marido que temía que se estropeara el pecho: "Le debía eso para agradecerle que hubiera asistido al parto." Pero François ha tenido graves problemas para alimentarse con biberón.

En el curso de las sesiones, cuanto más Simone llega a expresar su rechazo a François delante de él, tanto más me sorprendo yo al comprobar que el niño comienza a mirar con interés primero a su madre y luego a mí. Luego de cierto tiempo, François empieza a comer mejor. Está mucho más presente.

Un día, Simone llega sin François. Le pregunto por qué y me responde: "Mi marido me dijo que su peso no estaba bien, así que lo llevé al hospital. En estos momentos le practican exámenes de su sistema digestivo para saber por qué come mal."

Un poco después, en otra sesión, Simone me dice que no ha podido ir a ver a François al hospital durante tres días seguidos, porque ha tenido gripe. Me dice: "Encontré a François completamente cambiado, ya no es el mismo niño, nos reímos mucho juntos. Ve usted, es necesario que lo deje tres días para poder aceptar verlo después."

Al día siguiente, Simone me telefonea trastornada y me cuenta que François, de vuelta a la casa, fue presa de convulsiones la misma noche de nuestra sesión, y que, cuando come, escupe todo ahogándose. "Es mi culpa, dice Simone, estoy demasiado tensa, soy yo quien indujo esas convulsiones."

Al otro día, François está hospitalizado de nuevo, se le hace un electroencefalograma que resulta perfectamente normal. Desde entonces, no comprendo nada del caso.

¿Expresa Simone a través de la cabeza de su hijo la angustia que existe en su vientre? ¿Se trata de los efectos de la prohibición del marido?

F.D.: Me parece que ésta es una historia muy vieja. La joven mujer acepta perder su identidad y su oficio: el encuentro con su marido la perjudica. Algo sucede entre ellos que destruye a uno para que el otro sobreviva.

P.: ¡Y que también destruye al niño!

F.D.: ¡Pero igualmente se destruye a sí mismo! No ha sobrevivido sino destruyendo algo. Es una grave patología familiar: la de ese hombre y Simone. He aquí un claro ejemplo de encuentro mortífero entre un hombre y una mujer.

P.: ¿Es sin embargo el rapaz el elemento revelador de esa patología?

F.D.: ¡De una vez por todas, no quiero oír más ese término de rapaz! Es François, punto. No hay tal rapaz, rapaz no existe. Que Simone diga el "rapaz", eso le concierne, pero a usted, definitivamente no. Ponga mucho cuidado en no dejarse contaminar por identificación con sus pacientes, sobre todo delante de los niños.

Bien, creo que era muy importante que Simone viniera sin François la primera vez y que usted le hablara justamente de su derecho a ser madre: lo que tenía problemas para asumir dado que se había dejado desposeer por su marido del nombre de Simone, que le había puesto su madre.

En cuanto al papel que le dieron en el hospital, certificando el retraso psicomotor de François, me gustaría que fuera siempre así: que los hechos reales estuvieran consignados por escrito y se les dieran a las madres.

P.: ¡Pero yo no estoy segura de que François sea encefalópata como dice ahí!

F.D.: Nadie está seguro ¿pero después de todo, por qué no? Eso no cambia en nada que los médicos digan algo que va en el sentido del deseo de la madre. El trabajo del psicoanalista no tiene que tomarlo en cuenta.

Por supuesto, habría que estudiar las raíces de la culpabilidad que, en Simone, le impiden ser ella misma. Simone no tiene cabeza, y por lo mismo François tampoco.

Veamos otra vez lo del pretendido aborto. Mucho más importante que un aborto real, es un aborto de deseo. Ambos, el padre y la madre, eran "abortados". ¿No es "abortado" el hombre que, tomando una mujer que tiene un nombre, la obligue a renunciar a él para hacerla nacer con otro nombre que él elige? ¡Es un gallito que se apodera de una gallina y la vuelve anónima!

Esta historia, por otra parte, es ejemplar como síntoma de anulación de la genitud. Se experimenta la genitud haciendo lo contrario, lo que es enteramente perverso. No hay pues nada sorprendente en que François encarne la ética perversa de las condiciones de su concepción.

Lo que es patente, es que al día siguiente de haber tenido Simone una auténtica relación de intercambio con él, el famoso día en que rieron juntos después de los tres días de hospitalización en que ella no lo vio, François tenga convulsiones. Esto no me asombra. Las convulsiones vienen porque los niños no tienen ni una imagen de lo que experimentan, ni una imagen del cuerpo en relación con lo que su esquema corporal puede asumir dado su desarrollo todavía inacabado.

No tienen pues tampoco una cibernética que les permita dar salida a la energía libidinal, sentida en la comunicación psíquica con el otro y también hacia las extremidades distales que pueden servir para representar su estado emocional: gestos, fonemas o representaciones llenas de imágenes.

La comunicación interpsíquica entre esos niños y sus interlocutores se bloquea y provoca un cortocircuito cerebral: no estando representadas numerosas pulsiones, efectúan un circuito lo más corto posible, de ahí las convulsiones.

Así pues Simone jamás ha llevado a su hijo, François, a una comunicación mediatizada puesto que no tiene sino sentimientos de rechazo y de angustia frente a él. Nunca ha debido hablar a su verdadera persona, sin duda habla solamente "de él", como de una cosa.

Cada vez que ustedes entren en contacto con casos de convulsiones y que investiguen en qué circunstancias ha tenido lugar la primera convulsión, comprueben que la madre no se ha dado cuenta de haber provocado en su hijo una sobrexcitación pulsional sin hablarle de lo que ella haya hecho. Esto sucede frecuentemente cuando la madre lava el trasero al niño. No es consciente de que su hijo hace ya una fina distinción de las variaciones de sensación que él experimenta con su contacto, y ella continúa dando esos cuidados a su sexo como si se tratara de una cosa.

Ella estima que está al servicio de las necesidades de su hijo, mientras que él siente una excitación de su deseo que puede tomar por una demanda de ella: pero ella ¿dónde? ¿En su cabeza? ¿En su estómago? ¿En su vida imaginaria?

Su excitación, en efecto, está enteramente localizada en esa región genital. Como si fuera esa región lo que estuviera en comunicación con ella y no el sujeto en su integridad, sujeto simbolizado por la mirada y la palabra.

El niño vive entonces una inseguridad insólita al mismo tiempo que una sensación desconocida asociada a la que debería ser de seguridad.

Esta primera convulsión no tiene ninguna gravedad, si se puede rápidamente llegar a encontrar cómo ha comenzado todo, hablando con la madre delante del niño.

Tuve una vez un caso parecido, y vi con sorpresa al niño en cuestión madurar de pronto a los dos años, mirar a su madre, luego a mí, y finalmente sonreír. Acababa de comprender.

Era una niñita a la que su madre había excitado en blanco, sin darse cuenta, limpiándole la vulva con una energía intempestiva como si se tratara de una cosa. No se dirigía a nadie con las palabras adecuadas. Nosotros, los psicoanalistas, podemos emplearlas volviendo a representar el psicodrama de lo que pasó.

Decir, por ejemplo: "Tu mamá te limpió la vulva (o el nombre que la madre le dé a esa región), estabas particularmente sucia porque acababas de hacer caca ese día, ella quería limpiarte bien y entonces tú creíste que ella olvidaba que tenías una cabeza, y en ese momento ella creía que tú no tenías sino sexo, entonces, te quisiste enojar con ella, y no sabías cómo decirle que no se ocupaba de ti como tú querías. Así que te dio una convulsión."

En el caso al que me refiero, una psicoterapia rápida curó completamente al niño de sus convulsiones episódicas, las que, por otra parte, siempre coincidían con estados emocionales.

Desgraciadamente, cuando los niños llegan al hospital por convulsiones, se les droga, cuando habría que investigar minuto a minuto el desarrollo de la jornada de la madre con el niño, para encontrar el elemento desencadenador.

Pienso, por ejemplo, en un niño pequeño sobrexcitado por haber visto a su madre dar una azotaina a su hermano mayor y que quería mezclarse en esa escena primaria totalmente histérico-regocijante. No teniendo los medios para hacerlo, se provocó una convulsión gracias a la cual se ocuparon de él desde todos los puntos de vista. Era una manera de rivalizar con su hermano o de absorber más a la madre para culpabilizar al hermano grande y a toda la familia. Todo el mundo se siente culpable y se precipita al hospital. De hecho, nueve de cada diez crisis de convulsiones de bebés no se deben a la fiebre, sino que sobrevienen después de acontecimientos emocionales.

Cuando nadie comprende esto, se entra entonces en un círculo vicioso. Las convulsiones se vuelven un síntoma de disfrute a poca costa en el enigma de una emoción sin representaciones. Esta especie de orgasmo fácil es después muy difícil de parar, porque realmente hay un disfrute erótico, sádico-anal y sádico-oral narcísico con efecto angustioso en todo el entorno, que secundariamente da al niño un valor fálico preminente en la familia.

Es también el medio, para ese niño, de introducir a un extraño en la familia, el doctor, el que —¿en nombre de qué?— va a decidir. No hay ya educación ni situación relacional de los padres con su hijo, y este último, por un sí o un no, va a atravesarse en el juego de los deseos de los demás, gracias a la angustia que provoca.

Regreso a las preguntas que me plantea usted acerca del inicio de la terapia de Simone.

Es tan raro que los padres lleguen sin su hijo la primera vez, que yo les pido que regresen sin él.

Es tan frecuente que las madres utilicen un problema de su hijo para encontrar el medio de venir a hablar de sus problemas a un psicoanalista que, si una madre llega sin su hijo la primera vez, yo generalmente le pido que regrese sin él Ésa es la razón por la que me sorprende que usted haya parecido enfadada de que Simone llegara por François, pero sin él.

P.: No me enfadé.

F.D.: La prueba de que sí, es que el día en que ella llevó a François usted inmediatamente lo puso en el cuarto de al lado. Había tanto qué hacer con Simone primero, que en esas circunstancias tuvo razón de llegar a verla sin François.

P.: Las otras veces, Simone llegaba con François porque no tenía con quién dejarlo.

F.D.: Pero fue usted la que la primera vez le dijo, antes de saber nada: "Sería mejor que viniera con el niño." Creo que, en ese caso particular, hubiera sido mejor que llegara sola, eventualmente con su marido, y después decirle solamente: "¿Y si viniera con François?"

Por supuesto, si una madre llega con su hijo, no se lo reproche. En ese momento, hable con ambos. Y, sobre todo, déjelo con ella, no importa lo que ella diga. No hay que alejar a un niño, aun si la madre dice porquerías y mamarrachadas acerca de él o de su cónyuge.

Por el contrario, tome lo que la madre dice, pero dirigiéndose a la persona del niño: "¿Es verdad todo lo que dice tu madre?" por ejemplo. O bien: "Quizá tú no piensas como ella...", etc. Hay que poner palabras a sus afectos intensos.

P.: Sí, pero en fin, hay por lo menos una pulsión de muerte...

F.D.: ¡Precisamente, por eso hay que hablar de ello! Eso no es una pulsión de muerte, es una pulsión de homicidio, es todo lo contrario de una pulsión de muerte. Las pulsiones de homicidio, son pulsiones libidinales. Las pulsiones de muerte, son pulsiones de reposo del sujeto y de distensión del cuerpo en el sueño profundo donde la ausencia eclipsa lo deseoso en un individuo. ¡No es en absoluto la misma cosa! Una pulsión de homicidio tiene un objeto por destruir, y en ese caso, como le dijo usted a Simone, está en relación con su padre y su abuelo. Es una historia personal muy vieja de esa mujer, una historia de anulación de sí misma como sujeto prenombrado dentro del individuo femenino que su padre hizo venir al mundo. La relación con su madre no la conocemos, no le ha hablado de ella, pero en fin, es a usted, a una mujer psicoanalista, a la que ha venido a ver.

P.: Efectivamente, me dije que debía haber otra razón.

F.D.: Entonces es casi una lástima que François haya iniciado una relación con su madre sin que ella esté preparada para ello. Y, en toda esta historia, ahora, uno se encuentra ante un niño que ha encontrado el truco: cuando está en tensión de pulsión erótica sobreactivada, tiene su crisis y todo va bien, pero a costa de la ausencia de palabras, por lo tanto de sujeto.

P.: Sí, pero ahora no tendrá ya convulsiones, está tomando Gardenal.

F.D.: ¿Pero por qué? Tendrá menos o ninguna, pero el problema permanece.

P.: Pero es lo primero que se hace, dar Gardenal cuando un niño tiene convulsiones.

F.D.: Bueno, tanto mejor, hay que hacerlo, pero no es eso lo que impide hacer un trabajo con el inconsciente. Se puede hacer un psicoanálisis con un niño completamente embrutecido por medicamentos. El inconsciente está en la transferencia, aun cuando el niño duerma. Por lo tanto no se inquiete por eso, el Gardenal no tiene ninguna importancia. Salvo que nosotros, que estamos atentos a las reacciones de ese niño, estemos frustrados y no podamos ya ver cómo reacciona. Pero dentro de él, todo vive y todo reacciona por medio de la relación interpsíquica que existe entre nosotros. En su pasividad, él es extremadamente receptivo, aunque sea poco expresivo.

Un psicoanálisis no es para nada una reeducación. En una reeducación no se puede hacer nada cuando el otro duerme. En un análisis, se trabaja igualmente bien.

El silencio es tan elocuente como las palabras, excepto si nosotros no sabemos lo que pasa más que a través de lo que descifremos en nosotros mismos. Si estamos realmente disponibles inconscientemente, pasan muchas cosas. No hay más que dejar ir nuestras propias asociaciones libres, en nosotros mismos, poniéndolas al servicio del que está ahí. Y es el análisis de lo que usted vive, de su relación inconsciente, preconsciente y consciente con el niño la única guía de la cura.

Ése es el trabajo analítico.

Un día u otro, la madre olvida el Gardenal y comprueba que todo va bien. Por supuesto, el trabajo se hace con Gardenal. Por otra parte, es el médico mismo el que, la mayor parte del tiempo, autoriza a los padres a trabajar las dosis. Ése no es asunto nuestro. Menos gardenalizado, el paciente está un poco más despierto. Pero en muchos casos jamás se hubiera podido hacer el trabajo analítico si el niño no hubiera estado con Gardenal porque hubiera tenido crisis de sobretensión por un sí o un no. Vale más que esté con Gardenal, con tensiones inconscientes que no abreaccione y que el trabajo pueda continuar en la transferencia.

No es con el consciente con lo que trabajamos, es con el inconsciente, que está presente aun en el sueño profundo. Creo que es una idea muy nueva para muchos de ustedes. Los estudios de psicología no preparan para comprender esto, pero trabajamos igualmente bien con alguien dormido o en estado de inconsciencia, incluso en estado comatoso.

Con un ser en coma, la palabra pasa sin que sepamos cómo. Los médicos que lo reaniman y tratan de hablarle, lo comprueban y son los primeros sorprendidos.

Voy a contarles la historia de uno de mis antiguos pacientes.

Ese hombre llegó a verme de urgencia, una noche, completamente enloquecido y me explicó lo que le estaba sucediendo. Unos días antes, su mujer había dado a luz en mitad de la noche una preciosa niña. Todo iba bien, y el marido dejó a su esposa temprano en la mañana para ir a buscar a su hijo mayor que se había quedado en la casa y llevarlo a la clínica a abrazar a su madre. La mamá y el bebé iban muy bien. Lleva entonces este hombre a su hijo a la escuela y regresa inmediatamente. Encuentra entonces a su mujer en un estado convulsivo y he aquí que a pesar de todos los cuidados que se le prodigan, cae en coma.

Después de cuarenta y ocho horas, el reanimador estima que aun si se logra sacarla de ese estado, tendrá secuelas y quedará paralizada por lo menos de las piernas.

El hombre se siente entonces invadido por un estado de odio violento contra la vida, contra su mujer, contra el personal médico y, conociéndome, decide venir a verme.

Llega conmigo en un estado increíble de agitación y me anuncia de inmediato que jamás se quedará al lado de una mujer inválida, que más bien la matará. Luego me cuenta que sus suegros, a quienes se avisó, llegaron, pero que su suegra se negó a ver a su hija y se quedó en el pasillo. Su suegro, un poco enfadado por la actitud de su mujer, reveló entonces a su yerno la historia del nacimiento de su hija.

Era la mayor de cuatro hijos, dos mujeres y dos varones. Cuando nació, su madre la detestaba y desarrolló contra ella una verdadera fobia. Sucedió lo mismo con la segunda hija. Por el contrario, desde el primer día había amado, amamantado y educado a su tercer y cuarto hijos, ambos varones. Sus dos hijas mayores debieron ser criadas cada una sin ver a su madre hasta la edad de empezar a caminar.

Después de este relato, aconsejé a este hombre, ante todo, que fuera a tomar una sustanciosa comida y que durmiera, lo que no había hecho desde el parto.

Luego, que fuera en seguida a contarle a su mujer, en coma, la historia de su nacimiento.

Así lo hizo, y unas horas después, su joven esposa salía del coma sin ninguna secuela.

Las primeras palabras que pronunció fueron: "Quiero ver a mi hija." Luego, dirigiéndose a su marido: "No sé si soñé o si fuiste tú quien me contó mi nacimiento. Comprendí en seguida que era a causa de esa historia que ignoraba que no tenía derecho de tener esa niña. Entonces, me escapé del coma." Se puso a describir lo que había sucedido durante su estado comatoso. Se veía en un ángulo del techo y observaba a su marido y al reanimador inclinados encima de una forma humana tan plana como una hoja de papel, sin saber que era su cuerpo. En el momento en que su marido se puso a explicarle cómo había venido al mundo, sintió un dolor vivo al mismo tiempo que sentía que entraba por arriba del cráneo en esa forma aplanada y la inflaba.

Entró entonces en una negrura muy dolorosa y fue de ahí de donde salió al despertar.

La imagen aplanada venía de la palabra percibida por ella, concerniente a la línea "plana" del electroencefalograma cuyo trazado se dice que es casi parejo en los comatosos profundos. Desde el lugar de donde asistía a la escena, esa mujer juzgaba absurdo que esos dos hombres atendieran a esa forma ridícula, ella, tan aplanada.

Otras historias de coma demuestran claramente que en lo profundo el sujeto sigue presente. Así, un abuelo vino a contarme un día la increíble aventura de su nieto. Patrick, de ocho años, llegaba de Italia en coche con su padre, su madre y su hermana, cuando tuvieron un espantoso accidente. Su madre quedó muerta instantáneamente, y su padre murió después de ocho horas de coma. Su hermanita escapó ilesa. Patrick, perdió un ojo y una parte de la sustancia del cerebro. Fue transportado al hospital en coma. Las autoridades médicas avisaron a sus abuelos. Su abuela se trasladó al hospital italiano donde el niño estaba en recuperación, y se instaló a su lado, mientras que el abuelo llevó a la nieta a Francia. Pasaron tres meses y Patrick salió del coma. Y he aquí que para asombro general, ese francesito de ocho años se puso a hablar un italiano perfecto y apenas balbucía unas cuantas palabras en francés, como un bebé de ocho o nueve meses, diciendo: "pa-pá, au-to, miam-miam".

¡No podía hacerse entender por su abuela en francés!

La misma noche de la visita de este abuelo, relaté la historia a uno de mis amigos biólogos quien me respondió que la memoria se fija en las proteínas y que por lo tanto es en razón de las perfusiones como Patrick fijó en su memoria, como en una banda magnética, todo lo que oyó decir en italiano a su alrededor.

Pero su respuesta no es del todo satisfactoria. Quizá se puedan fijar palabras como en una banda magnética, pero seguramente no se puede fijar toda la gramática de una lengua extranjera.

Ahora bien, este niño hablaba tan bien el italiano como tres meses antes el francés, como el niño de ocho años que era. Hay pues un gran misterio del lenguaje, que nos indica cómo debemos respetar el sueño y el coma de alguien a cuyo lados nos encontramos. Todo se registra y se registra todavía mejor cuando alguien está en coma sin defensa. El sujeto duerme, pero también está extraditado de su cuerpo.

No sabemos lo que son esos estados de coma con relación a la conciencia del individuo, todavía menos lo que es un sujeto, con respecto al individuo. (La palabra, por otra parte, es poco apropiada puesto que de hecho el sujeto está dividido.)

¿Qué es una conciencia si los comatosos salidos de su período de inconsciencia llevan en sí la huella registrada de lo que ha sucedido y se ha dicho alrededor de ellos?

P.: ¡Parece loco que ese niño aparentemente inconsciente haya tenido sin embargo una inteligencia despierta!

F.D.: ¡No porque tenga cara de inconsciente o no mire a la gente quiere decir que un niño no oye! Un niño autista, por ejemplo, es decir un niño que no mira nada, oye todo. Solamente parece estar ausente, y eso es lo que es perturbador y lo que hace que, finalmente, nos pongamos a hablar de ellos sin dirigirnos a su persona. Quizá no sitúan a su persona en su imagen del cuerpo colocado en el espacio y el volumen de ese mismo cuerpo. No debemos nunca creer que el sujeto no está en su plena lucidez aun cuando el individuo que está ahí presente parezca embrutecido, dormido o incluso comatoso.

Tanto el sujeto del deseo como el sujeto de su historia están muy presentes.

Los esquizofrénicos, por ejemplo, no localizan en su propio cuerpo el lugar donde se encuentran. Son como zombis, un poco dispersos alrededor de ese cuerpo en el espacio. pero comprenden y oyen todo. Cuando por suerte uno de ellos se cura, nos restituye las opiniones que lo han marcado y guarda en la memoria todo lo que ha oído.

Entonces, volviendo a François, hubiera estado bien decirle, por ejemplo: "Cuando estabas en el vientre de tu madre, ella oyó decir que tenías una cabeza pequeñita y se inquietó mucho. Y tú, quizá te inquietaste también por ella." Así es como podemos hablar a un niño que ha sido un feto portador de tanta angustia no dicha. Hablándole así es como lo ayudamos a recuperar una comunicación en la vida simbólica, pudiendo desligar la relación de cuerpo. Sin lo cual, un niño está obligado a guardar lo no dicho en su cuerpo en tanto no sea puesto en palabras.

Esto no quiere decir que funcione en todos los casos, pero no habiendo otro método, ése es el que hay que emplear.

Si una madre ha tratado de abortar o de matar a su hijo, hay que decírselo al niño. Hay que decírselo de tal manera que la madre se sienta totalmente perdonada, puesto que él está vivo, que superó esa prueba, que era lo bastante fuerte como para hacerlo.

Es pues a ese ser humano al que hablamos de esa prueba —dándole un valor de relación positiva con su madre y dinámica con su vida, por negada o trabada que sea como él la sienta. Es su historia, le pertenece. No sabemos lo que eso quiera decir; una madre que quiera abortar a su hijo puede ser por narcisismo o por egoísmo, pero también por amor. Todo depende de la historia fetal de ella, o tal vez de la de uno de sus padres.

Tenemos la tendencia a ver y juzgar todo según nuestra propia moral. La ética inconsciente no es en absoluto la misma. Es una dinámica que puede ser una dinámica de amor, que sin embargo revista el aspecto de un comportamiento de lenguaje de denegación o de agresión.

En ese caso, el deseo es trasladado a un nivel de rechazo. El rechazo es una manera de amar ¡claro que sí!

En el caso de François, no es él, hijo, el directamente concernido. El problema es muy anterior, concierne a Simone su madre, a su narcisismo, a su renunciación, a su relación perverso-masoquista, a su nombre, a su oficio, por un hombre del que es totalmente dependiente, como un feto de su placenta.

Es una mujer que ha hecho una regresión fantástica. ¿Por qué un hombre se casa con una mujer con la condición de desempeñar el papel de una placenta encinta de un feto? No lo sé. Claro, imaginen ustedes el cuadro cuando van a tener un bebé: ¡feto de un feto! Eso no es viable.

Pero, con palabras, creo que todo eso se puede rehacer, puesto que François está ahí, y vive, y Simone ha logrado hablar con una psicoanalista.

P.: ¿Puede uno realmente hablar con palabras, un lenguaje elaborado, a un niño de seis meses?

F.D.: Seguramente. Utilice su lenguaje, el que emplea para decir con la mayor verdad lo que usted siente.

Si usted es china, hay que decirlo en chino. Hay que hablarle a él en la lengua de usted. Si usted es ajena a la lengua francesa, hay que hablarle como usted pueda, pero hacer que su madre o su padre repitan lo que usted dice, con la voz de la lengua que ellos hablan entre sí.

Los adultos en análisis sueñan en su lengua materna. El inconsciente del niño se pone al acecho del inconsciente de la persona que le habla, por lo tanto es necesario que ésta hable lo más cerca posible de lo que siente o piensa, en su propia lengua materna también.

Si uno no hablara, ¿no seríamos igualmente elocuentes, a condición de pensar lo que nos dijeran? No sé nada. Pero los niños son telépatas.

Cuando los padres están presentes —lo que es la mejor condición en las psicoterapias antes de los dos años y medio aproximadamente y a veces más tarde— es indispensable que los padres y el niño oigan juntos lo que le decimos al niño.

P.: Pero los psicoanalistas no hablan tanto.

F.D.: Bueno, en fin ¡con los niños hay que hablar! Justamente, eso es lo difícil. Hay que hablar, pero por proyección, hay que poner en palabras lo dicho por los padres, lo que es imitado por el niño, por ejemplo hay que decirle: "Lo que acabas de hacer me hace pensar que querías decirme esto o aquello." Y naturalmente, uno se puede equivocar. Y hay que reconocerlo. Lo que buscamos se sitúa muy cerca de lo que el niño ha querido expresar, es el reclamo a la palabra de un bebé. El pequeño ser humano habla porque la madre apela a la palabra.

Pero si una madre no invita a su hijo a la palabra, él jamás hablará correctamente, y tendrá un retraso de palabra porque sus fonemas no serán fonemas corrientes de la lengua: habrá conservado la posibilidad de emitir fonemas arcaicos en la laringe y en el paladar.

Pero las palabras deben ser dichas dando a ese niño su estatuto de sujeto, es decir significándole que tiene deseos, emociones, opiniones que no siempre son las de su madre, ni las nuestras.

Muchas madres lo hacen de por sí, cuando dicen, por ejemplo: "¡Ah sí, ya sé que no te gusta esto! Pero tengo que hacerlo de todas maneras." Las madres que hablan así a su hijo, sin saberlo, le atribuyen opiniones diferentes y deseos contradictorios a los suyos.

Este derecho de tener opiniones diferentes en palabras no impide que ellas hagan pasar a su hijo por lo que deseen y juzguen adecuado para su educación, pero el hecho de que le otorguen en palabras ese derecho, le permite crearse su libertad de sujeto. Así es como él se humaniza.

Por lo demás, sucede así en toda relación humana, cualquiera que sean la edad y la aparente madurez del otro.

10

"PERO ¿EN DÓNDE ESTABA YO ANTES DE NACER?" — CUANDO UN NIÑO PIERDE A SU MADRE, PIERDE AL MISMO TIEMPO A SU PADRE — UN NIÑO QUE SIN CESAR SE CAE PARA ATRÁS — EN EL NIÑO, LA CASA Y EL CUERPO SE CONFUNDEN

P.: Recientemente empleó usted la expresión "escenas primarias" en plural. ¿Qué entiende por ello?

F.D.: Sí, en efecto. En un cierto momento, la niña, por ejemplo, desea tomar el lugar de su madre en las relaciones sexuales con su padre. Son esas relaciones sexuales fantaseadas lo que uno llama generalmente, sin razón, la "escena primaria". Pero Freud describió en realidad, bajo el nombre de "escenas primarias", dos situaciones diferentes. Una que está constituida por las fantasías del niño sobre las relaciones sexuales de los padres, y la otra que llama, por otra parte, "la escena principiadora", en el origen del nacimiento del niño, y que plantea el problema de la no existencia previa a la existencia.

Ningún niño ha evolucionado en la vida sin preguntar en un momento dado directa o indirectamente: "Pero ¿en dónde estaba yo antes de nacer?" Esta pregunta conduce a fantasías en los análisis de adultos, donde el sujeto se representa como espermatozoide en las vías genitales de su padre, negándose por ejemplo a penetrar en el óvulo de su madre.

Con frecuencia los niños negocian esta angustia de la no existencia antes de la concepción fantaseando que han asistido al matrimonio de sus padres. Cuando ése es el caso, y cuando un niño da su consentimiento al matrimonio de sus padres, es imposible convencerlo de la imposibilidad cronológica de tal situación. Los padres a menudo quieren encajarla en el tiempo, de donde se desprende una situación cómica para ellos, y desesperante para el niño.

Es cómica para los padres, porque elaboran una defensa consciente frente a su deseo de haber asistido al acoplamiento de sus propios padres. Es un puente entre sus propias fantasías infantiles y la realidad en la que están obligados a mantenerse como padres conscientes.

A veces este episodio no se vive en absoluto de manera cómica por ninguna de las dos partes. Recuerdo una chiquilla que sostenía en público que había asistido al matrimonio de sus padres, quienes se sentían muy molestos delante de otros adultos ya que éstos podían creer que se habían casado tardíamente, habiendo ya concebido a la criatura, lo que no era el caso.

En esos momentos, la madre no cesaba de repetir: "¡Pero, para qué quiere ella que demos esa impresión!" Se sobrentiende: para gente impropia, maleducada.

P.: Me gustaría hablarle del caso de una mujer que se casó con un viudo padre de cuatro hijos. Después de su matrimonio, la nueva pareja tuvo otros cinco hijos a los que esta mujer puso nombres que comenzaran con G, inicial de su propio nombre, Georgette. "Hice esto —me dijo— para distinguir a mis hijos de los de mi marido." Estoy en relación con ella porque el último de sus hijos es esquizofrénico. Recientemente supe que su marido se murió hace varios años cuando este niño, su último hijo, tenía cinco. Ella no me lo había dicho en seguida. En realidad, se casó a los diecinueve años con ese hombre, que era su vecino, y a cuya primera mujer había visto morir. Me dijo que el pensar en esos niños sin madre era lo que la había motivado a casarse. Ella misma no había tenido padre. "No fui capaz de ser una verdadera madre para los que no eran los míos", me declaró. Por lo tanto perfectamente pudo separarse de los hijos de su marido, mientras que hoy en día no acepta la autonomía de los suyos propios.

F.D.: ¿Se siente culpable por no poder dejar que sus hijos se desprendan de ella?

P.: Sí, claro, tanto más cuanto que el último es esquizofrénico. Hay que decir que la internación de este hijo tuvo lugar mientras esta señora estaba ausente, cuando había ido a enterrar a su madre. Él se había fugado y se le encontró en un estado delirante.

F.D.: Lo que es particularmente interesante en esta historia, es que el hijo de esta mujer —mujer que no tuvo padre— no conozca tampoco a su padre, ya que lo perdió cuando tenía cinco años y puesto que se volvió esquizofrénico. Pienso que esto es lo determinante, y que es en este sentido en el que podemos hablar de responsabilidad de la madre. Ese chico no ha podido estructurarse con relación a un hombre, ya que su madre, encinta, no albergaba la idea de un padre, mientras que los otros hijos tenían un padre presente.

P.: Es exactamente así como yo lo entiendo, pues durante nuestra última entrevista, me dijo: "Jamás reconocí a mi marido como padre de mis hijos."

F.D.: Claro, la idea misma de padre es inimaginable para ella. Según ella, un padre es una transferencia de madre. Ahora bien, un padre es un hecho desde la vida fetal. Por supuesto, había un genitor, pero no un padre. Había también todo lo que pesaba tanto dentro de lo no-dicho sobre su propio genitor. Sin duda, negando a ese hombre como padre de sus hijos, es como ella se las ha arreglado para hacer existir a pesar de todo a un padre en forma de denegación. Cuando se dice "no" a algo, es que ese algo existe para uno. Mientras esa noción de padre estuvo completamente ausente de su ideación, ella tenía casi como un sentido faltante.

P.: Georgette tenía tres meses cuando murió su padre, pero fue mucho después —cuando hizo su primera comunión— cuando supo que se había suicidado. Creo que fue precisamente en ese momento cuando lo perdió. Se puso a investigar la verdad acerca de ese suicidio y descubrió que, poco antes, sus padres se habían separado. Su madre se había instalado en casa de su hermano; y su padre, al no soportar la separación, se había quitado la vida. Entonces dijo que había descubierto que su padre estaba loco. Esto sin duda se debe a que tiene una fobia contra la locura, reactivada por el hecho de que su hijo menor está internado. Ella se acusa de haber procreado a su vez un loco. Lo que me parece importante con relación a su padre, es que ella de pronto rompió la imagen que había podido construirse de él al descubrir, mucho después de su muerte, que se había suicidado.

Es quizá por eso que se negó a participar en la construcción de la imagen del padre de sus propios hijos, para evitar que les sucediera lo mismo que a ella en el transcurso de su vida.

¿Se puede hablar de preclusión del nombre del padre? De la imagen de lo que ella se representa de su propio padre.

F.D.: En ese caso, no lo creo. Esa mujer parece que habla con frecuencia de su padre, pero no como padre responsable. Creo que un padre irresponsable es importante en la historia de cualquiera. Es una contradicción total, puesto que lo que caracteriza la función paterna es precisamente la responsabilidad. Georgette, por el contrario, introyectó algo de esa significación, puesto que quiso tomar la responsabilidad de unos hijos que habían perdido a su madre.

Lo que hay que saber es que, cuando un niño pierde a su madre, al mismo tiempo pierde a su padre. O viceversa. El padre y la madre no existen si no es en relación uno con el otro. El niño puede tener una mujer cerca de él, pero ya no tiene madre, es decir, conserva una madre genitora, pero no una madre verdadera.

Un niño nunca tiene una madre, tiene "una mamá-papá". Jamás tiene un padre, tiene "un papá-mamá". Y la palabra "padre" aparece muy tarde, con la acepción que los adultos le damos. No llega sino después del Edipo, con la comprensión del papel genitor de cada uno. Pero antes, un papá es relativo a una mamá, y una mamá a un papá. Por lo tanto, al perder a su marido, la madre se convierte en una mujer que ha sido su genitora, que cría a su hijo, pero que se ha comido al padre.

El niño fantasea que ella lo ha "hecho caca" y arrojado a la basura. Interpreta a su manera la desaparición de un elemento importante de su entorno tutelar. Es un niño criado por una mitad de ser humano con quien se identifica, mientras que en general, se identifica con una pareja.

Lo que por otra parte explica que el ser humano, por su identificación de niño con la pareja de sus padres, sea doble.

Bueno, Georgette se identificó sin saberlo con una madre casada con su tío materno, puesto que parece que, en sus fantasías, el hombre que formaba pareja con su madre era el tío materno. Ella estaba, pues, en la misma posición que un niño que se identifica –como "yo ideal" del mismo sexo– con alguien que no tiene vida genital con la persona que es su genitora.

Si es una niña, se identifica con una hermana mayor que se imagina que forma pareja con el padre y, si es un varón, con un hermano mayor que forma pareja con la madre.

En esos casos, el Edipo no puede desenvolverse desarrollando un superyó de tipo genital. En efecto, no se puede castrar a un mutilado. No puede haber ahí castración más que si ha habido identificación con alguien que tiene relaciones sexuales con la genitoria o el genitor, y que le está prohibido.

P.: Otro parámetro me parece importante en la historia de Georgette. Cuando era niña, vivían en casa de su tío con los hijos de éste, y su madre siempre le decía: "Pórtate bien, no estás en tu casa, ésta no es nuestra casa." Ahora bien, es una mujer que no soporta no tener "su casa". Cuando se casó con ese hombre viudo, tomó un departamento que no era "su casa". En efecto, llegó a instalarse en el departamento que ese hombre ocupaba con su primera mujer. Fue en el momento en que ella comenzaba a sentirse en su casa cuando se mudaron y tuvieron a su último hijo, que es esquizofrénico. De hecho, era la primera vez que ella había deseado verdaderamente un hijo, porque por fin había logrado tener un lugar suyo. Los cuatro hijos anteriores, dijo que los había tenido para compensar los cuatro primeros hijos de su marido.

A partir de la muerte de éste, aceptó como una fatalidad no tener ya "su casa", y se retiró a un monasterio, no como religiosa, sino como...

F.D.: ¡Sirvienta, naturalmente!

P.: ¡Sí, sirvienta!

F.D.: Es muy interesante para los psicoanalistas tener una historia como ésta. (*Dirigiéndose a la participante*), ciertamente tiene usted razón, señora, es en el Edipo imposible de Georgette donde se arraiga toda esa historia y sin duda en el hecho de haber puesto a todos sus hijos un nombre que comenzara con la letra G. Pero ¿quiere que aprovechemos para hablar del asunto de los nombres y de los apellidos?

¿Se ha dado cuenta de que lo difícil de llevar un apellido se debe a veces a una mala relación con el padre?

P.: ¿Es eso igualmente válido para las mujeres?

F.D.: Por supuesto, pero las mujeres ponen su energía psicológica más en la relación que tienen con su padre que en su apellido. Esto no impide que el apellido tenga gran importancia, puesto que al casarse les cambia, y el nuevo es el signo de su renunciación al padre. Las cosas se complican cuando las mujeres se casan con un hombre que tiene un apellido muy parecido al de su padre. Esto puede engendrar la culpabilidad subyacente de haber hecho trampas con lo prohibido del incesto y eludido la ley.

P.: Conozco a un niño cuya genealogía me contó la madre. Llevaba el nombre de un hermano mayor muerto a la edad de seis meses. Su madre jamás quiso responder a sus preguntas con respecto al hermano muerto. Su síntoma actual consiste en caerse para atrás. Se instala en su silla y cae para atrás. En la escuela, esto evidentemente le crea algunos problemas.

F.D.: También ahí, pienso que son los efectos de lo no-dicho. Su madre no ha podido hablarle de ese niño muerto, que lo ha precedido. Caerse para atrás, es perder su tonicidad vertical y regresar a la época bebé de su historia.

Para un niño, lo que se calla, es por pudor. Ahora bien, el pudor es una manera de decir la relación sexual. Si bien que ese niño ha desarrollado un Edipo torcido en ese bebé muerto.

Su actitud probablemente alcanza una verdad profunda de la madre, por medio de la cual el pequeño muerto ha debido representar a un muerto valiente, su padre, o a un hermano fallecido hace largo tiempo.

Sin duda es a causa de esto que ese niño sufre por no poderse situar en el tiempo. También se puede pensar que, siendo portador del mismo nombre que su hermano muerto a los seis meses, plantee una serie de preguntas por medio de sus caídas para atrás. Si Moi, six mois, qui suis-je? [Si yo, seis meses ¿quién soy yo?] * ¿Tu hijo? ¿El hijo de tu padre? ¿El de tu hermano? Es decir no yo. Por ejemplo.

Intuitivamente comprende que representa para su madre ese muerto valiente de hace mucho tiempo, muerte a la que su madre todavía no se resigna. Como tampoco la madre de su madre, su abuela.

Si esa mujer le puso el nombre de su hermano muerto a su hijo mayor —muerto también— ¿lo hizo para consolar a su madre y, al hacerlo, desentenderse de su propio marido? Generalmente el nombre lo eligen entre el padre y la madre, y no para consolar a una abuela. Éste es uno de esos casos de psicoterapia de niño en el que el síntoma del pequeño es una tentativa para obligar a su madre a resignarse y adquirir el derecho a existir como un niño vivo, hijo de un padre vivo.

Ahora bien, ese no era el caso puesto que su madre nunca le había hablado del bebé muerto, no le había mostrado fotos, ni había llorado jamás por él. Creo que un pudor, que crea el silencio, alcanza lo indecible de una vergüenza: el niño lo resiente como algo del orden del incesto. En ese caso —caer en lugar de conservar una estenia muscular— se sustrae a las exigencias del consenso: "No soy el que ustedes creen ¿un bebé muerto tal vez?"

P. (hombre): Me gustaría exponerle el caso de una pequeña de cinco años y medio, Caroline, que se niega a hablar en clase, mientras que en casa se expresa normalmente. Como Ca-

* Juego de palabras intraducible.

roline no dijo una sola palabra en el curso de nuestra primera entrevista, le pedí que dibujara lo que le pasara por la cabeza. Lo hizo, pero a todas mis preguntas en relación con sus dibujos respondió simplemente afirmando o negando con la cabeza. Al final de la sesión, le pregunté si quería venir a verme regularmente: asintió con la cabeza. La he visto pues, a lo largo de seis sesiones, en el curso de las cuales siempre hace el mismo dibujo: una casa con dos puertas, una que conduce a un camino que termina en un árbol, y la otra que da a un minúsculo camino, insignificante como un hilo.

Poco a poco, los dibujos han ido evolucionando para gran sorpresa de los padres, pero siempre sin una palabra por parte de Caroline? ¿Qué hacer entonces?

F.D.: Continúe, claro, viendo a Caroline, puesto que ella desea verlo, pero yo en su lugar hubiera estudiado previamente el asunto con sus padres, en lugar de tomarla tan pronto en terapia.

Usted no sabe siquiera qué clase de lenguaje utiliza en su casa, ni lo que la motiva a hablar, igual que ignora si juega con animales de peluche o con muñecas. De hecho, ella lo ve porque es gratificante tener una relación con usted pero ¿cuánto tiempo va a durar?

Dígame, ¿quién la acompaña a las sesiones?

P. (hombre): La primera vez vino el padre con la madre. Y después, la madre. Desde la segunda sesión, me dijo delante de Caroline que ella misma no se encontraba bien, que estaba deprimida, que en el parto de Caroline le había ido muy mal, debido a una retención placentaria.

F.D.: ¡Por lo tanto, es su madre la que quería hablar! Por otra parte, uno puede preguntarse si ella no retiene la palabra de Caroline, como la placenta durante su parto.

P. (hombre): La está atendiendo un psiquiatra, pero frente a la psicoterapia es muy ambivalente.

F.D.: La madre trata de tener una relación terapéutica con

usted, a través de Caroline. Por lo menos en lo que concierne a lo arcaico en ella. Lo que está perturbado es su relación con sus propios padres, por razones que ignoramos.

En el fondo, el único punto fastidioso de su historia, señor, es que usted no sabe si Caroline sufría por no comunicarse. Sin embargo, ella hubiera podido decírselo al principio, puesto que dice sí y no con la cabeza. Realmente, la ha cautivado el llegar a hacer dibujos, el ver a un señor. Sobre todo si ella ya sabe que su madre va a ver a otro señor, el psiquiatra. De hecho, parece que habría un grave problema concerniente a la madre y relativo a la maternidad de una niña.

No le puede hacer daño a Caroline ir a dibujar con usted, pero creo que sería mejor que usted no hablara: ella pide ir a verlo, pero no a hablar. Sería bueno que usted le cobrara un precio simbólico cada vez y que esa fuera la única cosa que usted dijera. En realidad, donde ella se expresa es en su casa. En el exterior, se calla. Seguramente la madre ha debido contar historias terribles sobre su parto, que la niña no ha comprendido. Esa pequeña parece detenida por la cuestión de la sexualidad, con la que la madre también tropieza. En el fondo ¿qué puede significar para Caroline el hecho de arriesgarse en una comunicación verbal, es decir oral?

Esto puede situarse en el nivel de miedo a la castración, en el sentido en que se dice: le cortaron la lengua. Es quizás una niña que perdió su pene, para dibujar ese camino que de esa manera va a tropezarse con un árbol. Tal vez a partir de ese momento ya no pudo hablar. No sé muy bien lo que eso quiera decir... ¿O bien, es por el miedo de arriesgar su lengua en el mundo exterior? ¿O para ocultar lo que podría decir? ¿O no volverse mujer y no tomar un lugar de ciudadana en el mundo exterior? Su madre, en efecto, parece estar deprimida y por lo tanto no tener un lugar de mujer en un cien por ciento en la sociedad. En realidad, no comprendo muy bien.

Como quiera que sea, creo que vale más que usted no diga nada. Caroline tiene cinco años y medio, por lo tanto ¿quizá sabe ya leer un poco? Si quiere ser eficaz con ella, me parece que debería poner palabras escritas en lo que ella dibuje. Escribir "casa" en el dibujo de una casa, "ventana", "camino", "puerta", "árbol", etcétera.

Pero, insisto, que esto sea en un mutismo absoluto entre ustedes, pues me pregunto si no es peligroso para ella hablarle, antes de que lo haga su madre.

Ahora bien, en este momento, usted ve que la madre no pide sino hablar con usted. Tal vez podría invitarla a que hiciera una psicoterapia fuera de casa. ¿No es eso lo que ella buscaba?

P. (hombre): Me dice cosas como: "Usted sabe, me han hablado de psicoterapia, de psicoanálisis, me gustaría, pero tengo miedo."

F.D.: Eso es. Hablar, no hablar, hablar, no hablar. ¿Caroline y su madre lo ven a horas en que el padre podría asistir?

P. (hombre): Sí, en la mañana temprano. El padre ha venido una o dos veces.

F.D.: En ese caso podría recibir a ambos padres al mismo tiempo.

P. (hombre): Recuerdo un episodio de la primera sesión, a la que asistía el padre. Caroline llegó con una pistola que se colocó en el lugar del sexo. En un momento, la tendió a su padre, luego la volvió a tomar inmediatamente. Y repitió su juego por segunda vez.

F.D.: ¿Puso la pistola como pene o como pistola en la vida real?

P. (hombre): Como un niño.

F.D.: Hay pues algo no-dicho alrededor de la diferencia sexual. Caroline ha querido decir: "Ves, mi sexo es para mi papá." Ha querido plantear una pregunta muda sobre la pistola que tiene o no tiene. ¡Pero qué quiere usted hacer, dado que su madre sigue imaginándose que fue destripada y mutilada por el nacimiento de su hija! En un problema de gestación femenina. Su madre se niega a traer completamente al mundo a una niña que hablará como todas las niñas. Psicosomatizó el problema en un nivel vegetativo, puesto que retuvo la placenta sin poder resignarse a perderla.

Estamos en presencia de una neurosis histérica, probablemente, pero nadie se adelanta a asentar tal diagnóstico. Y, considerando la información existente, no puedo decir nada más.

P.: Hay un pequeño que hace sin cesar asociaciones alrededor de su nariz. En su opinión ¿qué puede ocultar esa nariz? (*Risas entre los asistentes.*)

F.D.: La nariz respiratoria así como las ventanas siempre están asociadas al tema del nacimiento. El nacimiento es una liberación: se nace a la libertad.

Otra P.: ¿Y entonces, en caso de ventanas de guillotina?

F.D.: Los niños, cuando abordan el tema de su nacimiento, siempre representan una ventana de dos hojas. Una ventana cuyas hojas se abren hacia los lados. Aun cuando en su casa haya ventanas de guillotina.

Otra P.: Los publicistas lo han comprendido bien. Hay una publicidad en Creteil que pregona "las verdaderas ventanas de un conjunto de edificios nuevos", y por supuesto son ventanas de dos hojas.

F.D.: Aun los niños africanos que viven en bohíos o en chozas de paja representan las casas como las nuestras, es decir rectángulos coronados con un triángulo.

(*a*)

Es realmente un esquema geométrico de representación de la imagen del cuerpo que desaparece muy rápidamente en la edad del realismo, hacia los siete años, porque el niño tiene percepciones cruzadas de lo que siente y lo que ve.

Otra P.: Es igualmente cierto para los beduinos que viven en tiendas.

F.D.: No sé de los beduinos, pero tuve la misma experiencia, con un matiz suplementario, en el sur marroquí. Había visto ya muchos dibujos de niños marroquíes que representaban casas bastante parecidas a las que dibujan los niños franceses, pero cada trazo era doble. Los muros estaban representados por una línea doble, igual que el techo, etc. Me sentí todavía más intrigada por esa singularidad cuando una niñita se puso a dibujar delante de mí el esquema de un personaje humano, igualmente rodeado de una línea doble. Me explicó ella que era el caíd en su casa. Esos trazos dobles representaban, en realidad, la pequeña acequia que corría alrededor de la morada del caíd. Era una casa de rico, construida de materiales fuertes y rodeada por una acequia, contrariamente a las tiendas de los beduinos.

Por extensión infantil, la silueta del caíd mismo estaba representada con líneas dobles. En el espíritu de esa niñita era un: "Señor-casa-rica". No estaba representado con su turbante o su traje, sino al contrario, con una imagen del cuerpo completamente esquemática. Ustedes saben, para el niño, la casa y el cuerpo van juntos. Por otra parte, es por eso que el espacio es tan importante para un pequeñito. Su casa y su cuerpo están confundidos.

Por eso es que una mudanza puede provocar un traumatismo en un niño al que nadie le explica lo que sucede. Definitivamente hay que ayudar al niño a comprender esa confusión del espacio que le era familiar, diciéndole, por ejemplo: "Mira, en esta otra casa es distinto. El objeto que estaba allá, ahora se pone aquí", etcétera.

Y sobre todo decir a los padres que pongan todo en palabras, de manera que aparezcan como responsables del cambio. Como el niño se identifica con ellos, puede por lo tanto identificarse con el cambio y, al cambiarse con sus padres que se cambian, permanecer él mismo.

Lo que es esencial en él, es decir, el sujeto de sus actos y de sus deseos, ha permanecido el mismo, puesto que, como sus padres, participa en la modificación del espacio que los rodea. Por supuesto, ha habido una modificación de lo que es accesorio, contingente, pero hay una perennidad de lo que es esencial, a saber: un sujeto animado de deseos actuados conforme a los dichos.

Con frecuencia, los niños siguen el movimiento con una pequeña regresión que consiste por ejemplo en no ir ya al excusado, o en volver al estado en el que se encontraban siete u ocho meses antes de la mudanza. Y luego, gracias a algunos sueños de angustia, la situación se restablece naturalmente.

Otra P.: He visto a niños que pierden brutalmente a sus padres y al mismo tiempo pierden la palabra.

F.D.: Claro, se puede producir una regresión global. Es lo que vemos en algunos niños de la Asistencia pública, que supuestamente se convierten en grandes retrasados o graves autistas, por lo menos en apariencia: parecen perdidos y miran al vacío.

Y sin embargo, con palabras solamente, hablándoles de su padre y de su madre, de su filiación, de su nombre, podemos ayudarles a volverse a encontrar. Es formidable ver a un ser humano sacar la fuerza que se filtra a través de las palabras portadoras de sentido.

Si decimos lo que tenemos que decir siendo sinceros, el niño se trasplanta a su propio deseo. Por ejemplo, en el caso de un niño de la Asistencia pública, si le decimos que él representa, por su sola presencia, a su padre y a su madre que se amaron, que es él quien eligió nacer un día, que pesaba tantos kilos al nacer, que era hermoso, etc., se volverá a apropiar su subjetividad por la transferencia que se crea entre él y la persona que le convierte en palabras su deseo de estar ahí. Claro que esto no se puede hacer con un niño que todavía tiene a sus padres. Hay que dejárselos y dejarlo en la contaminación de las interproyecciones paternas de las que es objeto. Por otra parte, es por eso que es mucho más fácil de curar un ñino psicótico huérfano que otro cuyos padres vivan.

11

LA INCUBADORA, UN AUTISMO EXPERIMENTAL — ¿QUÉ QUIERE DE ÉL ESA MUJER PORTADORA DE MUERTE? SE DICE EL BEBÉ — EN DIRECTO A TRAVÉS DE FRANCE-INTER: LA CURACIÓN DE NIÑOS AUTISTAS — LA HUELLA DEL CORDÓN UMBILICAL EN LA PALMA DE LA MANO — EL CORAZÓN, PRIMER SIGNIFICANTE RITMADO

P.: Quisiera exponer el caso de Sybille, una pequeña de cinco años, que llegó a verme con sus padres a Trousseau. No habla. Fue prematura en un mes. Tiene todo un sistema de comunicación con su padre por medio de la sonrisa. En sus dibujos, no hace más que agujeros.

F.D.: ¿Agujeros en el papel?

P.: No, en los dibujos. La nariz era un agujero, igual que la boca. Como no hacía más que agujeros, en el curso de una sesión le dije: "Mira, tengo una nariz." Y a partir de ese momento, pudo dibujar formas fálicas y, poco después, comenzó a hablar. Eso es lo que estoy en vías de trabajar. La representación fálica que no es ni una representación de cosas ni una representación de palabras.

F.D.: Pero creo que representaba formas fálicas, con esas ruedas.

P.: ¡Ah, bueno!

F.D.: Claro. Hay dos formas fálicas. El seno y el pene. Bueno, con esos agujeros, quiere representar senos. Para qué decirle "tengo nariz". ¿Qué entendió?, que usted decía: "Soy un monigote." (*Risas*).

P.: No, yo solamente estaba sorprendida de que no hubiera

más que agujeros para Sybille. Sabiendo que había sido prematura, sentía que algo había sido cortado muy pronto en ella. Por eso le dije eso.

F.D.: ¿Estuvo en incubadora?

P.: No. Fue muy pequeñita, muy escuálida, pero no estuvo en incubadora.

F.D.: ¿Así que se quedó con su madre?

P.: Sí, pero muy poco.

F.D.: El gran peligro para los prematuros viene del estado de privación sensorial —el silencio y la soledad— en el que los hunde la incubadora. No hay olor de la madre, no hay vista, no hay tacto, no hay caricias que delimiten el cuerpo. Esa vida en la incubadora me parece que crea un verdadero autismo experimental. Es casi análoga a esas experiencias científicas de privación de las relaciones sensoriales que hacen en Estados Unidos. Se sumerge a los voluntarios en el agua a la temperatura del cuerpo, envolviendo todas las extremidades sensibles para impedir los matices sensoriales. Algunos se han vuelto totalmente psicóticos en cinco minutos. Para otros, se han necesitado veinte minutos. La ausencia total de referencias sensoriales hace desaparecer las percepciones del esquema corporal, luego la imagen del cuerpo. Está bien poner en evidencia que no conservamos nuestra noción de existir más que gracias a muchas variaciones sensoriales imperceptibles: auditivas, visuales, olfativas, cutáneas y barestésicas.

Un bebé que sale del útero y comienza a respirar se encuentra en un espacio desconocido pero ya orientado por muchas referencias que son una especie de unidad sensorial a pesar del desparramamiento de las zonas erógenas. Su cuerpo está limitado por las ropas, por una cuna, por los brazos que lo cargan y le aseguran una cierta estabilidad. Luego hay la voz de su madre que le permite reconocerse, a sí mismo —a su madre, cada vez que se ocupa de él.

Mientras que en incubadora los bebés están cortados de

toda relación con el mundo exterior, no pueden sentir los límites de su cuerpo, puesto que están desnudos. Finalmente, su mundo interior mismo es llenado y vaciado, sin ninguna referencia afectiva con alguien. Esos bebés no comprenden que existen rodeados de un mundo exterior casi invariable e idéntico en el tiempo, y un mundo interior que se llena y se vacía. Los prematuros puestos en incubadora llevan en sí una especie de potencialidad psicótica que puede despertarse brutalmente con una historia de separación prolongada.

Además de las razones que he expuesto, la potencialidad psicótica de un prematuro viene también de que está privado después de su nacimiento de la audición que tenía *in utero,* de las conversaciones entre sus padres. De las dos voces que oía a través de la pared abdominal de su madre.

En los IMP,[1] casi todos los niños psicóticos tienen una historia de incubadora o una historia de separación. Ya sea por ejemplo que han sido llevados en una catástrofe a un lugar desconocido, o a casa de una abuela a la que nunca han visto. O incluso que sus madres se han ausentado ocho días, sin prevenirlos. Y cuando vuelven, los días de ausencia faltan en la vida de su hijo.

En este último caso, después de los siete meses, un niño puede todavía superar esta prueba y con muy buena voluntad injertarse en una nueva madre. Pero si es más pequeño, es la catástrofe. Hay pocas oportunidades de que el niño recupere a su madre de ocho días antes.

Hay un hiato entre "su madre-él" de ocho días antes y lo que se ha convertido en "él-otra-persona" durante esos ocho días transcurridos.

El bebé, en efecto, se ha perdido como hijo referido a la madre de hace ocho días. A partir de ese luto, ha vuelto a injertar su imagen sensorial en el rostro de la nueva persona tutelar, y tomado peso: la imagen del cuerpo de un bebé se concentra y se refleja, en efecto, en el rostro de su madre.

Para el bebé, al regreso de su madre, su rostro, el sonido de su voz y su olor son como espectros parciales, olfativos, auditivos y visuales de un ser muerto en él. Para él en efecto,

1 Institutos médico-pedagógicos.

la separación de su madre es vivida como una muerte parcial, es decir la muerte de sus sentidos en la existencia de sí mismo y en la comunicación. Su madre es para él el ser-carne de comunicación electiva, tanto por medio de las palabras como por medio de la emoción. Es también su lengua, puesto que es ella quien habla y quien le habla.

Esta inclusión de muerte que la madre impone a su pequeño le hace sufrir, pero si tiene menos de siete meses, reaccionará sólo con indiferencia. Es muy grave porque ese niño puede volverse autista en unos cuantos días, sin que uno se dé cuenta.

Mientras que después de los siete meses, aproximadamente, manifiesta su desacuerdo, rehúye la mirada de su madre, vuelve la cabeza o incluso pega de gritos frente a ese rostro que para él encarna la muerte.

Por su parte, su madre se angustia y se siente culpable, creyendo que él le guarda rencor y que ya no la ama. Eso es falso, al bebé le duelen sus vísceras ahora, enganchadas a una nueva nodriza, ante lo que él siente como una tentativa de rapto de su conocimiento vital durante los días de ausencia de su madre.

¿Qué quiere de él esta mujer portadora de muerte?, se pregunta.

Si en los días que siguen a su regreso, la madre habla de su ausencia al niño, sin tratar de besarlo o de tocar su cuerpo, las cosas pueden arreglarse con paciencia. Es necesario, en efecto, hablar a su corazón y no a su cuerpo, por medio de sutiles entonaciones de voz. De hecho, es el reconocimiento por parte de la madre, de que su bebé es un ser de deseo, al cual devuelve la unidad de su historia de antes del choque de la separación. Reunificado como sujeto de palabras, puede entonces integrarse a la prueba sensorial sentida en su cuerpo y en su sensibilidad.

Pero si la madre no comprende lo que sucede, el niño cae en el autismo.

Ya no mira a los demás, su expresión mímica se congela en la angustia o en la indiferencia a todo lo que le sucede. No hay ya ninguna relación con los seres humanos.

A veces, afortunadamente, conserva un interés electivo por

un animal doméstico o por un objeto, una colección de objetos parecidos. Cucharitas, por ejemplo. En este último caso, la pérdida de una sola lo sume en un intenso pánico. Este niño sufre una regresión y se aferra a una sola percepción, asociada a la vez, para él, al recuerdo de un placer parcial de su cuerpo y a algo que representa para él de manera fetichista, su relación con su madre.

Repite siempre un mismo gesto, una compulsión, totalmente desprovista de sentido aparente. Con mucha frecuencia se le cree convertido en retrasado mental e incluso sordo. No es nada de eso. Él se cierra, progresivamente y en apariencia, a toda relación humana a causa del insoportable sufrimiento de no reconocerse frente a los demás, en la integridad de sí mismo.

Algunos niños mantienen una búsqueda de contacto, pero es, por ejemplo, apoyando la espalda contra el cuerpo de una persona, o estableciendo un contacto con el anverso de su brazo, la palma de la mano o con una región parcial del cuerpo, con la que de ordinario no se entra en contacto.

Dan la impresión de ser completamente ajenos a nuestro planeta. Hay un hecho muy espectacular: esos niños nunca se dejan morir de hambre, pero engullen cualquier cosa, como si no tuvieran ninguna discriminación gustativa. Nada parece procurarles placer o disgusto. En cambio, tienen una destreza extraordinaria en el espacio y jamás tropiezan con obstáculos, aunque parezcan no haberlos visto.

Les voy a contar cómo, siguiendo mis consejos, algunas madres han podido sacar a su bebé de ese tipo de autismo. Tuve la prueba de ello cuando produje emisiones de radio para France-Inter. Aunque precozmente advertidas, por su vigilancia, de la anomalía del comportamiento de su hijo, las madres raramente encuentran comprensión en los médicos generales. "Se ocupa usted demasiado de su hijo, eso se arreglará solo", les dicen. Y la zanja se ahonda. Aparece la angustia en el niño, con los problemas del sueño que él trata de dominar por la repetición compulsiva de un gesto absurdo en el que agota su energía.

Las fugas precoces son también un síntoma. Me refiero a los niños de dieciocho meses a dos años que huyen de su casa tan pronto ven la puerta abierta. En realidad van en busca del ser que han perdido cuando tenían unos cuantos meses, durante una separación choque.

A la decena de madres de niños autistas que me escribieron a France-Inter a ese respecto, les respondí que buscaran en sus recuerdos y en las fotos hasta qué edad más o menos su hijo se comunicaba con ellas, por la mirada, la sonrisa, el llanto, mostrando según los momentos su placer y su disgusto de vivir.

Luego, cuando hubieran encontrado con precisión la época en la que la comunicación se había roto, las incitaba a que buscaran lo que había sucedido en ese momento. Siempre había habido un acontecimiento: la muerte de alguien, una mudanza, la pérdida durante varios días de la presencia de la madre, un duelo para el padre o la madre, la partida no anunciada de un animal doméstico, la entrada de un hermano o hermana a la escuela maternal, una modificación brusca del entorno, una estancia aunque fuera corta en el hospital sin estar preparado para ello, o incluso una prueba afectiva difícil para la madre.

Una vez identificado el acontecimiento, pedía a la madre que contara y explicara a su hijo, de preferencia en el momento de dormirse, y sin acariciarlo físicamente, lo que había sucedido sin que ella se diera cuenta. La animaba a recordar la ropa que tenía su hijo en esa época, la alimentación que le daba y las canciones de cuna de aquel momento.

La incitaba a tratar de encontrar los medios para volver a actualizar las percepciones parciales de la época en que el niño había perdido contacto con la realidad. Le decía que se excusara con él por no haber comprendido su sufrimiento y le explicara el suyo al mismo tiempo que la obligación en la que se había visto de separarse de él, sin comprender que él tenía necesidad de explicaciones, puesto que ella no lo creía todavía capaz de comprender cosas tan difíciles de decir.

Advertía a las madres que no se sorprendieran si en la primera tentativa del niño hacía cara de no oír nada, aunque seguramente escuchaba. Después de dos o tres tentativas, todas esas madres tuvieron la alegría de ver a su hijo mirarlas a los ojos y sonreír de nuevo por primera vez desde hacía meses. En esas condiciones, el niño puede recuperar, con su madre actual, la imagen regresiva de su cuerpo de antaño, de la época en que él todavía estaba sano y en comunicación con la misma madre que antes.

En los casos en que de tal modo les di la posibilidad de recuperación, la curación del niño fue total en unos cuantos días. La ventaja de tal trabajo, efectuado sin terapeuta, representó un importante ahorro de energía psíquica para el niño.

Desgraciadamente esto no es posible más que si el niño no ha pasado de los tres años, a partir de lo cual parece muy difícil que una madre sola, sin la ayuda de un terapeuta, pueda recuperarlo. Sin duda en razón de la función simbólica siempre en actividad en el ser humano. En efecto, todo es lenguaje en el niño, y a falta de comunicación con su madre, su padre, sus hermanos, sus hermanas, su entorno, se construye toda una relación con los objetos de espacio que le rodea y se crea un lenguaje interior de tipo alucinatorio que no le hace audibles ni interesantes las palabras y las opiniones de las personas vivas.

Los autistas tienen una comunicación extraordinariamente rica y plena de sentido con lo que nosotros no notamos. Se sumergen cada vez más dentro de un mundo abstracto, incomprensible.

Son como músicos sin oídos y pintores sin ojos. Su espíritu creativo está continuamente en acción, pero nunca pasa al estadio de la realización creadora para otro. Son visionarios, pintores, poetas, sin medios de comunicar ese mundo de sensaciones y de sentimientos, que los oprime de alegría o de dolor.

El otro les hará siempre falta.

Igualmente, los hijos de familias acomodadas que cambian sin cesar de nanas están en una situación cercana al autismo y a la psicosis. Esto los vacía de su potencialidad de enraizarse firmemente en una relación con alguien. Es esa potencialidad psicótica lo que empuja a un sujeto, fragilizado de esta manera y enamorado por primera vez, a suicidarse, si se abandona.

Aunque vive esta experiencia en el plano genital, hay algo de insoportable, pues esta ruptura despierta a la angustia de la separación de la persona gracias a la cual existía cuando era niño. Muchos suicidios de este tipo hubieran podido ser evitados si sus autores hubieran hecho un psicoanálisis rápido. En efecto, el problema no demanda una curación muy larga. Algunas personas que yo he tenido en tratamiento, y que se han enamorado por primera vez, han revivido una primera relación con una nana que, al partir, las había dejado completamente vacías.

De alguna manera se trata de revivir el pasado, y, por otra parte, es gracias a eso que algunos se libran de él definitivamente. Hacen una repetición para salirse de él. El modo operativo del análisis consiste en repetir en la transferencia, para liberarse.

Bueno, pero para volver al caso preciso de Sybille, cuando usted le dijo: "¡Mira, tengo nariz!", también le dijo: "Tengo en la cara lo que tu padre tiene en otro lado." ¡Y funcionó!

P.: Sí, pero ¿cómo, por un simple significante, puede uno lograr hacer que aparezcan formas fálicas?

F.D.: Justamente, al mostrarle su nariz ¿no era una manera de decirle: "Naciste"? Lo que sin duda nadie le había dicho nunca. Usted ha debido revelarle en su transferencia hacia ella que era su recién nacida que tenía derecho de ser tanto activa como pasiva.

Dicho esto ¡usted sabe muy bien que la forma fálica no es solamente el pene! La forma fálica protrusiva, alargada, es también la forma del cordón umbilical.

P.: ¡Pero que nunca ha sido visto!

F.D.: ¿Qué? ¡El cordón umbilical! ¡Pero ha sido palpado, ha sido tocado por el feto *in utero*! Y una representación dibujada es una especie de representación actuada del que la toca. Es como si uno hubiera tocado el objeto en el espacio. Hay dibujos de formas y hay dibujos energéticos. El torbellino no es un dibujo de formas, no obstante, hemos tenido esa posición replegada sobre nosotros mismos *in utero*.

El torbellino es la representación de una dinámica en expansión, símbolo de las pulsiones de la vida misma. Mire a los niños girar sobre sí mismos al jugar. Todos nosotros, por otra parte, hemos girado sobre nosotros mismos para nacer: es el *rooting*,[2] es decir esa manera de girar sobre sí mismo que tiene el bebé en el momento del parto, que le permite salir del limbo de la vida fetal para llegar a la luz.

Salimos girando sobre nosotros mismos en las vías genitales de nuestra madre, con excepción de los niños nacidos por cesárea, que no han tenido ese *rooting* del cuerpo completo.

Bueno, pero en psicoterapia, cuando niños hasta de cinco o seis años dibujan el torbellino que es la forma de base de la vida que arranca, es señal de que ellos también vuelven a arrancar.

Los niños de ocho, nueve años, traducen esto con el camión de mudanzas. El torbellino es la partida, desde el centro hasta el exterior. Nuestra vida entera se desarrolla así. Es lo que yo llamo la imagen dinámica. Ustedes ven a esos esquizofrénicos que no hacen más que girar sobre sí mismos subiendo y bajando, como esas raíces pivotantes que se hunden en la tierra. Con todo su cuerpo, dibujan en el espacio la dinámica del nacimiento, pero sin salirse nunca de ella.

Volvamos al cordón umbilical. Todo feto ha apretado el cordón con sus manos, es decir que tiene una representación imaginaria del cordón en la palma de la mano. Se trata de un significante "carnalizado". Por lo tanto, todo niño puede llegar después de cierto tiempo de vida a poner en el papel lo que sintió de manera táctil. Es ya una metáfora táctil el dibujar, es una transposición metafórica de una vivencia. Es ya lenguaje, pero lenguaje táctil. Es el lenguaje de la mano. El ojo le da después un sentido a lo que ha sido dibujado. En los niños, eso es muy claro. Dibujan cualquier cosa y son sus ojos los que dan sentido a sus dibujos, por asociación con lo que ven.

P.: ¿No cree usted que desde que hay grafismo estamos en el orden fálico, es decir que hay delimitación del yo y del no-yo?

2 *Rooting*: nombre dado por el psicoanalista Spitz al movimiento de la cabeza —a derecha e izquierda— buscando con la boca el seno desde el nacimiento.

F.D.: En ese caso, lo que es fálico, es el ritmo. Porque el grafismo puede ser una simple representación de ritmos.

P.: Hace un momento usted hablaba de oposiciones sensoriales. El hecho de que haya oposición en el nivel de los fonemas, por ejemplo, va a dar un sentido a una frase. ¿Tiene por lo tanto el ritmo un efecto de significante?

F.D.: Sí, por supuesto.

P.: Entonces ¿pone usted significantes en todas las percepciones de ritmos?

F.D.: Hay significantes, sí.

P.: Así que, en suma, es otro tipo de significantes que los que uno tiene la costumbre de considerar como fonemas, en fin, imágenes acústicas.

F.D.: Sí, no son imágenes, son percepciones de significantes del padre y de la madre, por su voz.

Bueno, pero si les hablo de todo esto, es porque quisiera cambiar el sistema actual de las incubadoras para que se cree en ellas, por lo menos, un mundo auditivo.

Alguien de regreso de Estados Unidos me describió una instalación de incubadoras equipadas con ruido del corazón materno. Naturalmente es un corazón inmutable, sin emoción, que nunca capitulará, pero eso ya no está tan mal, puesto que el pronóstico vital de esos niños ha mejorado considerablemente: adquieren muy rápidamente el peso de un nacimiento normal.

Curiosamente, son las enfermeras las que han estado a punto de volverse locas, porque pierden toda noción del tiempo. Ha habido que indicarles por medio de timbres las horas de los biberones. Han sido muy lentas para recuperar el sentido del tiempo que pasa, que sin embargo tenemos todos. Estaban como desconectadas, sumidas en la audición de un significante fetal.

P.: El ruido del corazón ¿es un significante de base?

F.D.: Es un significante de base pre-temporo-espacial, por lo tanto fetal.

P.: ¿Es un significante comparable al de la audición de una música ritmada?

F.D.: Desde luego que sí. Se está desconectado en relación con el tiempo que pasa. Pero el espacio del cuerpo se carga de energía de manera repetitiva. Cuando uno oye las músicas africanas y ve a la gente bailar, uno se pregunta dónde encuentran la energía muscular para moverse así durante horas y horas al mismo ritmo. Realmente es porque están desconectados. Disfrutan del solo vivir. Pero uno no piensa en lo que el niño escucha, *in utero,* de su corazón y del de su madre. Sus latidos se superponen, se encuentran, se desunen, y producen un verdadero tam-tam. Tratemos un momento. Yo hago el tam-tam pendular del corazón del feto, y usted, el ruido del corazón de la madre: uno fuerte y uno suave, más lento.

Supongamos que el niño haya nacido: ahora oye el corazón del otro, y no ya el suyo. Se ha puesto en el lugar del corazón de su madre y ya no oye el suyo. Ha perdido la sonoridad de su corazón fetal y tal vez lo resiente como la pérdida de la placenta, que representa al otro en el corazón pendular.

Me parece que esto debe experimentarse como la pérdida de una seguridad a la vez acuática y envolvente, es decir de una madre arcaica, preolfativa y prerrespiratoria; o tal vez, como la pérdida de un ser de seguridad que ha desaparecido del interior de él y que no puede simbolizar.

¿No es eso la intuición que hace que las nanas mezcan la cuna de los bebés con un ritmo rápido, lo que los tranquiliza en su angustia y calma sus gritos? Igualmente cuando están en los brazos y uno no puede consolarlos porque no sabe qué les aflige, llega espontáneamente a los adultos el impulso de mecer a los niños, con un ritmo pendular. Todo sucede como si algo de la vida arcaica placentaria estuviera simbolizado de alguna manera para el niño mediante ese comportamiento tan generalizado que debe tener un sentido.

Los ritmos son extremadamente importantes en la constitución del sentimiento de seguridad, del narcisismo de base de cada uno de nosotros, totalmente inconsciente y ya de orden libidinal del otro, presente de manera fusional. Si recobramos el sentido de esa primera pérdida del objeto que todavía no lo era y que se podría llamar un cosujeto, se puede pensar que el balanceo de ciertos niños autistas, o incluso de cualquier bebé que se fastidia, es un lenguaje que trata de recuperar ese ritmo perdido, con el fin de recuperar una seguridad que falta en el presente. Todos los movimientos, impresos al feto por la deambulación de la madre, seguramente se sobreponen, como ritmos impuestos a la masa del cuerpo del feto, a los ritmos pulsátiles y auditivos del corazón de la madre y del suyo. Es quizá lo que persiguen los creadores de ritmos y de percusiones en todas las músicas no melódicas. La parte melódica de la música es una simbolización de los intercambios significados por el lenguaje verbal que este último es incapaz de expresar en su integridad afectiva. La melodía la suple.

Las percusiones modernas, las investigaciones eruditas de ritmos coartados, sincopados, y el arte de los diferentes ruidos sordos y claros ¿no son una tentativa de simbolizar las impresiones fetales, cuando el corazón de la madre se activaba bajo el efecto de esfuerzos físicos, de emociones, y cuando el feto oía, de manera más o menos clara o sorda según la presión del líquido amniótico, sus posiciones en el útero, y la presión que sus manos podían ejercer sobre su cordón umbilical, sus pies comprimiendo la placenta, haciendo variar la aportación sanguínea cerebral?

¿No son todas esas variaciones concomitantes a su vida lo que ciertos humanos tratan de hacer actuales en sabias músicas de percusión?

En Occidente, ese género de música es nuevo. Conscientemente, se dice que llegó por influencia de los negros, pero es muy difícil afirmar que no sea más que un fenómeno de contaminación cultural. Yo creo más bien que es el modo de educación de los bebés a partir de 1920 lo que ha entrañado ese estilo de música. Desde esa época a los bebés se les carga mucho menos y tampoco tienen las cunas de barco de antes. Por otra parte, los ruidos de la vida urbana, motores, sirenas de policía, ambulancias, trenes, aviones, frenos, vienen a mezclar sus sonoridades metálicas insólitas con las de las palabras de los adultos.

Este ambiente sonoro es completamente diferente de las campanas de las iglesias de antaño. El ding ding dong de *Frère Jacques* correspondía realmente a los niños de una época que iba hasta 1900. Hoy en día está totalmente superado.

Se sabe que los niños, ya sea que sus padres tengan o no gracia natural, mueven rítmicamente las caderas desde que oyen música en la radio. ¿De dónde viene esa intuición de un placer, visible en su rostro?

Nosotros lo sabemos bien, todo placer conocido nos refiere a nuestras imágenes arcaicas.

12

LA SOCIEDAD IMAGINARIA DE LOS AUTISTAS — UN EJEMPLO DE COMPULSIÓN DESCIFRADA — EL ACECHO DE LAS SENSACIONES VISCERALES

P.: ¿Qué importancia tienen los ritmos para los niños psicóticos y autistas?

F.D.: Son muy importantes, porque el lenguaje interior de esos niños se construye con elementos de lenguaje de ese orden. Un niño autista es un niño que posee una sociedad imaginaria gracias a sus variaciones viscerales, que toman sentido a causa de ciertas percepciones del mundo exterior.

Para un sujeto, la función simbólica consiste en dar sentido al encuentro, en el mismo tiempo y en el mismo lugar, de algunas de sus percepciones sensoriales parciales del mundo exterior, ligadas a una sensación corporal, agradable o desagradable.

De ese modo, el niño en sus pulsiones orales, al acecho del regreso de su madre que representa su ser "él-ella" y si sufre por no verla, puede tratar —de manera alucinatoria— de encontrar la ilusión de su presencia en percepciones que lo sobrecogen.

Por ejemplo, el niño siente en su cuerpo una sensación de hambre, al mismo tiempo que ve la cortina de su cuarto agitarse por el viento y que oye afuera una sirena.

La coincidencia dentro del mismo tiempo de esas percepciones visuales y auditivas, con la sensación visceral de hambre, le servirá de carnada materna y le creará la ilusión de que su madre se acerca.

Olvida así por un tiempo su necesidad fisiológica de cuidados maternos y su deseo psíquico de encontrarse con la persona total de su madre.

Ese niño tratará de reproducir el viento en la cortina y el

sonido de la sirena para volver a experimentar la sensación visceral de hambre, que en lo sucesivo representa para él la ilusión de la inminencia de la presencia materna, y por lo tanto una fuente de seguridad.

De hecho, es engañado, como lo es el pez carnívoro por la carnada del pescador.

El bebé solitario puede ser atrapado así y dejar que en su interior se construya una semiótica aberrante en cuanto al código del lenguaje.

Muchos gestos compulsivos de autistas significan que esos gestos tienen para ellos sentido de presencia materna y de encuentro con seres invisibles, sustitutos de un ser carnal que faltó demasiado como para construir su psiquismo dentro del código mímico, sonoro y visual humano.

Si se pueden descifrar esos gestos estereotipados pulsionales, dando a los niños autistas por medio de la palabra el sentido de lo que los había engañado, entonces nosotros, los psicoanalistas, nos convertimos en el sustituto materno que puede volver a introducirlos en el lenguaje interhumano.

Recuerdo el caso sorprendente de un niño que tomé en tratamiento cuando llevaba ya dos años en psicoterapia. Gérard era hijo único y criado solamente por la madre. Ésta, madre soltera, hacía en su modesta vivienda chalecos en serie en su máquina de coser. No se había dado cuenta de que Gérard era retrasado, hasta que el niño entró a la escuela. Parecía completamente normal, realizando sin problemas las pequeñas tareas utilitarias cotidianas y permaneciendo silencioso sin jugar, el resto del tiempo, mirando trabajar a su madre. Ella le hablaba durante las comidas, no teniendo más tiempo para hacerlo, pero él no le contestaba nunca.

Una vez que entró a la escuela, Gérard se volvió inestable, miedoso frente a los demás, y unos meses después lo rechazaron por inadaptable. Un gesto que nunca había hecho en la casa se volvió compulsivo en la escuela. Volteaba el antebrazo sobre el codo y su mano izquierda dibujaba sin cesar idas y venidas horizontalmente, justo delante de sí. También a veces su brazo izquierdo podía apretar contra sí un objeto y hacer un ademán de arriba a abajo.

La anamnesis de su manera de vivir me hizo pensar que la

angustia que sufría el niño en la escuela, en un medio para él desconocido, lo había incitado a simbolizar por medio de esos ademanes compulsivos, aparentemente extraños, la presencia de su madre ante la máquina de coser.

Como el frecuentar la escuela no le trajo ninguna experiencia agradable de lenguaje que hubiera sido un sustituto de la relación con su madre, pensé que Gérard se había identificado en la edad edípica con el objeto que tomaba y poseía a su madre.

¿Cómo identificarse con la máquina de coser para ser el marido de mamá? Cómo identificarse con el objeto parcial, el pie de la madre, –quizá el sexo de él– en el pedal, y cómo, como ella, procrear chalecos que se desenrollan de la máquina al suelo y que representan la promesa de poder: en efecto, la madre recibía el pago semanal de su trabajo en presencia de su hijo.

Lo que en diagnóstico psiquiátrico se llamaba compulsiones de niño autista, en realidad era un lenguaje. Una simbolización del lenguaje hablado por su madre a la máquina, al mismo tiempo que una identificación con el otro de su madre, la máquina, que por su movimiento hacía que se desenrollaran los chalecos gracias a los cuales, una vez terminada la tarea de su madre, él llegaba a tenerla para sí. En el autismo por medio del que se defendía de la vida social, que no tenía sentido para él, a falta de haber sido mediatizada por su madre en ausencia de otros adultos, Gérard vivía un Edipo aberrante jugando al patrón de su madre. "Le hacía" al padre "haciéndole" a la máquina.

Durante las pocas sesiones que duró su terapia, Gérard salió totalmente de su autismo en presencia de su madre gracias a que nombré sus gestos compulsivos con palabras que le tradujeron la inteligencia de su deseo.

Este caso particular me hizo pensar que todas las compulsiones de bebés, como el inocente chupeteo del pulgar o las complicadas compulsiones de los autistas, son expresiones simbólicas de su deseo humano privado del código habitual.

P.: Pienso siempre en los ritmos y sobre todo en la poesía.

El enunciado está compuesto de palabras, pero, yuxtapuesta, hay una música que también es un significante completo.

F.D.: En fin, más que nada existe la voz. Lo imaginario de una voz que lee esas palabras, que las descifra. En la poesía, se trata sobre todo de música de la voz. Creo que la poesía posee intrínsecamente un significante de más. Es, en efecto, la voz humana que lo enuncia aun si la leemos muy bajo. El cuerpo está en juego, y no solamente los ojos. Vi una película radiográfica de la garganta de alguien que lee solamente con los ojos sin mover los labios. Y bien, la garganta presenta todas las manifestaciones de las palabras dichas.

Más todavía, un otorrinolaringólogo estudió a los nativos de la isla de Gomera, en las Canarias, que silban para hablarse. Es muy curioso porque, en un café, se silban de una mesa a otra en lugar de hablarse, y todo el mundo se entiende.

Ahora bien, ese otorrino hizo radiografías de la garganta de los silbadores, y las imágenes muestran que, a pesar del hecho de que silben, su garganta pronuncia las palabras que se supone que dicen. A la vez existe el ritmo del silbido, que es una señal de palabra, pero también las palabras que pronuncian con la garganta mientras silban. Esto nadie se lo esperaba.

Estas palabras son traspuestas en forma de silbido audible, pero son perfectamente pronunciadas, lo mismo que por un lector que lee con los ojos. Finalmente son las palabras pronunciadas detrás de las escansiones de los silbidos las que escuchan los autóctonos. No es pues un código, sino una auténtica lengua, en la que el cuerpo está bastante en juego.

En la lectura de la poesía, la laringe está en juego, es un lugar de deseo de comunicación interpsíquica, contrariamente a la faringe, que colinda con ella. La faringe es un lugar repetitivo de absorción sustancial de objetos parciales para la necesidad o para el deseo, puesto que la madre con frecuencia satisface necesidades para su propio deseo, creyendo que el niño pide de comer, cuando lo que pide son palabras. Por otra parte, es en la faringe donde se juntan un montón de cosas en los que tienen dificultades de palabra, puesto que es una encrucijada.

La absorción de objetos en sentido centrípeto es un medio

de satisfacción de las necesidades, mientras que el deseo es un intercambio de comunicación que se expresa en sentido centrífugo, por emisión de aire, de gritos y de palabras, escandidos por los músculos del aparato bucal, procedentes del cuerpo del sujeto hacia el objeto con quien desea comunicarse. Y también, por medio de la recepción en sus oídos —de manera centrípeta— de las sonoridades emitidas por el objeto, que se comporta entonces como sujeto con respecto al interlocutor. Esto es completamente diferente de lo que sucede en el esófago. Creo que sería muy interesante estudiar esa encrucijada laringofaríngea, como primer lugar de equívoco entre la demanda del niño y la respuesta de la madre, en el sentido de que ésta responde con frecuencia a los gritos de su bebé con un atracón de comida y no con palabras, cuando que de hecho es un llamado de comunicación, una demanda de deseo y no de necesidad en el niño.

No obstante, una madre se da cuenta muy pronto de la diferencia entre los gritos que expresan necesidad —sed, hambre, etc.— y los que expresan los deseos —una demanda de presencia o de palabra. Si observa a un bebé cerca de usted, comprobará que un pequeño que grita porque tiene hambre o sed, deja de hacerlo cuando ve aparecer a su madre: está todo él en espera de absorber, ya no emite más ruidos. La columna de aire no emite ya sonidos, la laringe no funciona, es la faringe la que está al acecho de engullir lo que sea.

Mientras que el niño que desea la presencia de la madre continúa gorjeando, contando montones de cosas, expresándose cuando ella está ahí. Si en ese momento se le da un biberón, entonces se desespera.

P.: Lo peor debe ser darle un chupón, que le hace creer que tiene un biberón en la boca y al mismo tiempo le impide que se exprese por medio de gritos o sonidos.

F.D.: Ah, pero con un chupón los bebés pueden hacer muchos ruidos de placer, y sobre todo oyen hablar a su madre. El chupón es como el cigarro para nosotros. No nos impide escuchar ni hablar, si continuamos estando en una situación de placer.

Claro que si la madre pone el chupón en la boca de su bebé para hacerlo que se calle, es catastrófico; todo depende de la actitud de la madre. Igual que, por parte del bebé, cuando mama el pulgar por hambre, no es lo mismo que cuando lo hace por placer, para engañar su soledad y desvariar por una mamá imaginariamente presente. El pulgar es un pequeño objeto parcial tomado por el niño de su cuerpo y que le procura la ilusión de la presencia materna.

Por supuesto, éstas son observaciones menores, pero insisto en ellas porque creo que el peor de los comportamientos de una madre es confundir una demanda de presencia para la comunicación interpsíquica, con una demanda de necesidad. Esto es lo que altera en el niño el sentido de la diferencia entre su deseo y su necesidad.

Volvamos a la soledad de hace un momento. Cuando un bebé manifiesta un deseo de comunicación interpsíquica, es que justamente los restos memorizados de la presencia de su madre ya no son suficientes. Se hace necesario renovar su presencia en la realidad para reactivar su presencia imaginaria. El niño reconoce a su madre y se reconoce con ella. Ella le aporta sensaciones nuevas en la alegría de ambos de estar juntos.

El niño, habiendo entonces vuelto a cargar su capacidad de imaginar a su madre, podrá así tranquilamente soportar su ausencia hasta que regrese. A cada nuevo encuentro con su madre, nuevas sensaciones auditivas, visuales, táctiles le permiten afinar el conocimiento que tiene de ella, y que le queda en la memoria cuando se separan.

¿Por qué pues el adulto no comprende esto? Sin duda porque no puede estar realmente disponible para ese niño, cualesquiera que sean las razones. Quizá también porque la demanda del niño se expresa por medio de gritos que a uno nunca aprendieron a entenderle en su propia infancia, como pruebas de la inteligencia de un bebé. Entonces ella se angustia, y al comprobar que el chupón le hace callar, piensa que eso era lo que él quería. Todo termina, ella está tranquila, el bebé está calmado, pero sin que nadie lo sepa, ni él mismo, el bebé ha experimentado una iniciativa pedagógica pervertida. Su deseo, angustioso para su madre, se ha vuelto angustioso para él; se vuelve entonces hacia la necesidad. Tomemos una imagen que caracteriza lo que le sucede al bebé: sería como el brazo de un tocadiscos que un melómano forzara a permanecer en un mismo surco del disco durante días enteros, porque no está dispuesto a escuchar lo que sigue.

Por el contrario, si el niño apela a su madre por medio de gritos mientras que ella materialmente no está disponible para él, pero él recibe palabras que demuestran que moralmente sí lo está, él se sabe escuchado, comprendido, y puede entonces experimentar sin riesgo cierto fracaso.

Este último, hablado y solamente hablado, es para él una experiencia interpsíquica de lenguaje. Su deseo no satisfecho en un placer total se valoriza sin embargo como expresión de ese mismo deseo.

Un ser humano no puede soportar la soledad: de hecho, sustituye un delirio, como acabamos de decirlo. El aprendizaje de la soledad es un largo entrenamiento. En todo caso, al principio de su vida y mientras que el lenguaje [1] no está constituido, el niño no puede soportar la soledad. Para él es patógena. Aliena al sujeto con su cuerpo y con el espacio inmediato, fijo, que lo rodea. El peligro —y eso es lo que se produce en los niños autistas— es que el acecho que no trae nada termina por volverse un acecho de las sensaciones viscerales. Éstas toman entonces el lugar del objeto que nunca vuelve.

Es por eso que no quisiera que lo que usted decía la última vez, señora, a propósito de su actitud ocupada en otra cosa durante el tiempo de la sesión de Eric, se tuviera por un procedimiento que se empleara con frecuencia.[2]

P.: Estaba ocupada, pero, por lo demás, me ocupaba de él de vez en cuando... Quiero decir que no estaba atrincherada en mi rincón.

F.D.: Creo que Eric sentía muy bien que usted desempeñaba un poco un papel. Cada uno jugaba a que pareciera que el otro no estaba ahí. Es justamente lo que probaba que sí es-

[1] Empleo *lenguaje* en el sentido amplio del término: un intercambio manual, lúdico, ingenioso, corporal, con el espacio y los objetos que lo pueblan y que el niño ha aprendido a conocer con su madre.

[2] Véase pp. 76 *s.*

taba ¿no es eso? En verdad, creo que usted estaba muy preocupada por ese niño.

P.: Pero no, ya hablamos aquí de que nunca lo estuve.

F.D.: Precisamente, pienso que usted había tomado esa actitud para contrariarlo y que era una relación muy positiva el actuar así; su actitud quería decirle: "¿tú haces como si yo no estuviera? Bueno, muy bien, voy a hacer lo mismo...", acompañada de una especie de guiño de ojo.

P.: Sí, claro.

F.D.: Era una complicidad y sobre todo una idea para permitirle que recuperara su deseo. Su presencia, en esa ausencia fingida, se lo permitía. Usted era un testigo permisivo, y no alguien que se ganaba la vida leyendo el periódico mientras que el otro hacía lo que quería.

De otra manera, usted no hubiera hecho más que prolongar una ausencia de comunicación.

Digo esto para que ninguno de ustedes pueda tomar esa actitud por un procedimiento a seguir. Insisto, es una estrategia para un caso preciso, es todo. Hay que saber lo que hacemos cuando jugamos a negar la presencia de uno de nuestros pequeños pacientes. Jugamos a negarla, lo que prueba que él está ahí. No es por lo tanto una negación verdadera. La verdadera negación de la presencia de un niño, es lo que le hace caer en el autismo. Su madre está ahí, pero justamente pensando en quién sabe qué, tal vez en su cuenta de banco, en el jabón de lavar o en Perico el de los palotes, pero su hijo no es para ella un interlocutor válido. Es solamente un tubo digestivo que se encuentra ahí y que va a necesitar llenar y vaciar. No es alguien en vías de ser un hombre o una mujer.

En esas condiciones, puede entrar en el autismo, aunque su madre esté físicamente presente, porque nada de lo que ella vive tiene significado para él. Ella no tiene ni intencionalidad, ni sensibilidad en su presencia. Esa madre es un verdadero mueble. En ese sentido, el niño la puede buscar siempre, y nunca la encontrará. Ella no está a su lado. Su cuerpo volumétrico, mamífero, respirante, moviente, está ahí, pero no ella, y sobre todo no para él.

13

EL DISFRUTE SEXUAL DURANTE TODO EL DÍA NO ES EL PRINCIPIO DEL PLACER — EL DESEO NOS AGOTA, PERO NOS RECUPERAMOS GRACIAS A LAS PULSIONES DE MUERTE — EL SEUDOMASOQUISMO FEMENINO — LOS ENFURRUÑAMIENTOS — EL RECIÉN NACIDO EN SITUACIÓN DE INCESTO LIBIDINAL — EL INSOMNIO O LA LUCHA ENTRE EL NARCISISMO PRIMARIO Y LAS PULSIONES DE MUERTE

P.: ¿Cómo define usted ese famoso principio de placer que se utiliza a propósito de lo que sea?

F.D.: Hoy en día, generalmente se malinterpreta la significación del principio de placer del que habla Freud, y según el cual todas las pulsiones deberían llegar a producir el placer sexual. De ahí toda una técnica de educación totalmente permisiva, que quiere permitir a cada quien el placer sexual todo el tiempo.

Y bueno, yo veo a muchas personas disfrutar sexualmente, triunfar en su vida sexual y seguir estando locas de atar. Y por lo tanto provocar reacciones patológicas en cadena en sus familias. El contrasentido viene de que todo el mundo se imagina que Freud hablaba del principio de placer a un nivel consciente mientras que él hacía alusión a un nivel inconsciente. Él hablaba de un relajamiento de tensiones, es decir que cualquier tensión de deseo en la economía del ser humano tiende a su caída dentro de lo no privativo de tensiones. Y no importa qué hagamos, nuestra economía libidinal se las arregla para llegar a eso.

Pienso que la catatonia es un buen ejemplo de equilibrio entre pulsiones contradictorias en las que el placer reside en la contención, ya sea obsesional o histérica. La catatonia es el ascetismo espontáneo de un individuo para impedir cualquier variación que pudiera hacerle caer en una actitud sexuada.

Ya sea una actitud sexuada receptiva, carente de objetos por recibir, o una actitud sexuada emisiva, carente de objetos en los cuales descargar su agresión, la actitud catatónica es una lucha entre pulsiones activas y pulsiones pasivas que se detienen unas a otras hasta llegar a cero. ¿Hay o no angustia? Si no hay angustia, es que el principio de placer está ahí, en acción. Si hay angustia, es que falta el principio de placer.

Es cierto que un catatónico no tiene para nada un aspecto feliz, en el sentido en que habitualmente lo entendemos. Y sin embargo, el hecho de que viva en estado de equilibrio, en un cuerpo petrificado, significa que el principio de placer funciona. La prueba es su estado de juventud fisiológica tan sorprendente para su edad como si estuviera exento de todas las pruebas que marcan la vida de los seres humanos. Además, me pregunto si los catatónicos son tan inmóviles como parecen. Lo son en la superficie, pero pienso que resienten muchas variaciones somáticas viscerales que les sirven de lenguaje —también a ellos— y que nosotros no percibimos. Después de un cierto tiempo de inhibición progresiva del sistema vegetativo es cuando terminan por delirar, es decir por salir de su economía libidinal al proyectarse en otra parte fuera de su cuerpo petrificado. Pero ¿por qué razones llegan a eso? ¿Cuál es la fantasía subyacente? ¿No ser sexuado? ¿No conmoverse por el otro? ¿No jugar el juego de aquel que te tiene, en todas las ocasiones, por transferencia, o que te ha tenido en un cierto momento?

Creo que en *El principio de placer* es donde Freud habla de las pulsiones de muerte. Pero ¿por qué las menciona ahí puesto que habla del principio de placer? Creo recordar que Freud es ambiguo con respecto a las pulsiones de muerte. Habla de ellas tanto como pulsiones de agresión tendientes a dar la muerte y que se vuelven contra el sujeto, cuanto como pulsiones de deseo de no ser ya sujeto. La muerte no alcanza jamás al sujeto. Alcanza al yo, hace desaparecer ese espécimen de la especie, que es el cuerpo humano, pero el sujeto del deseo preexiste a la concepción y nada nos dice que desaparezca con la muerte.

Es nuestra castración de no saber nada de lo que ocurre con el sujeto, y sin embargo saber que es él el que, en nosotros, asume el deseo, autoriza sus avatares y los memoriza. No se puede, en psicoanálisis, confundir al individuo con el sujeto y el yo.

P.: ¿Qué es lo que usted entiende por sujeto?

F.D.: Hablando como psicoanalista, no sé nada. Existe para algo dentro del que dice "yo". Pero el "yo" de la gramática no es el del inconsciente. Cuando mucho se puede decir que es dinámico, aespacial y atemporal. Sin él, no habría lenguaje. Existe en las escansiones entre las palabras, es silencio organizador y ordenador. ¿Quién sueña? ¿Es el mí, es el yo? Tenemos que ver con ese desconocido que permanece desconocido. El sujeto se encarna en las primeras células que van a constituir un feto, se libera por la destrucción del cuerpo.

P.: Pero entonces, ¿para usted eso sería el alma?

F.D.: No sé más que usted lo que es el alma. Pero saber que se tiene un alma, no es ser sujeto, puesto que eso es ser consciente. Ahora bien, el sujeto del deseo, del que hablamos en psicoanálisis, es y sigue siendo siempre inconsciente. Alrededor de ese concepto de sujeto, se organiza nuestro deseo todavía no mediatizado, es decir no perceptible. El "yo" es la parte de lo real que, en nosotros mismos, ignoramos.

Pienso que la muerte real no es en absoluto las pulsiones de su muerte, es incluso todo lo contrario. Las pulsiones de muerte son un aspecto del deseo —el que se expresa por pulsiones de muerte y pulsiones libidinales, pasivas y activas—, un deseo que no tenga ya sujeto de su deseo sexual.

Es decir que todos estamos sometidos tanto a las pulsiones de muerte como a las pulsiones de vida. Las pulsiones de vida prevalecen durante todo el tiempo de nuestra vigilia, y las pulsiones de muerte afloran en el sueño profundo. Afloran también en el orgasmo, en el apogeo del placer, ahí donde el sujeto se abandona y no sabe ya que es sujeto.

Es pues en el máximo de las pulsiones de deseo, en el encuentro con el deseo del otro, en el orgasmo, donde las pulsiones de muerte surgen y provocan una especie de ausencia del sujeto en el tiempo y en el espacio donde no es ya testigo de sí mismo. Permanece entonces el mamífero humano, que no es ya testigo de su historia. Es acto puro. Ése es, según yo, el efecto de las pulsiones de muerte.

Afortunadamente existen; sin ellas nos agotaríamos. El deseo nos agota, pero nos recuperamos gracias a las pulsiones de muerte. El sujeto del deseo agotaría al ser humano, si éste no descansara en su imagen de base, en su narcisismo fundamental, al abandonar la noción de su existencia, y al caer en el sueño profundo que limita su participación en el ser, sin noción de tener ni de poder, de conquistar o de defender.

Verdaderamente, la muerte en el revés de nuestra economía hecha de pulsiones de muerte y de pulsiones de vida. Freud escribe esto en algunos momentos, pero en otros, escribe que las pulsiones de muerte son pulsiones que quieren dar la muerte.

Dar la muerte al cuerpo del otro o aniquilar al otro porque es un sujeto y porque uno quiere considerarlo solamente como un objeto al que se niega el derecho a la existencia. Esta actitud caracteriza a muchas madres de psicóticos.

Esas madres quieren un hijo. Que sea de su hombre, es circunstancial. Quieren parir un hijo, ponerlo —como un huevo— y cuidarlo. Tengo la impresión de que si se los cambiaran por otro después de unos cuantos días, ni siquiera se darían cuenta, pues las madres de psicóticos quieren a su hijo con la condición de que permanezca en las pulsiones de muerte.

Es por eso que esos niños se identifican mucho más fácilmente con un animal que con el hijo o hija de su padre o madre. Son amados como espécimen humano salido del cuerpo de su madre, pero no marcado por la línea del padre. Por lo tanto el niño debe negar sin cesar esa superabundancia de pulsiones de muerte para afirmarse sujeto de su deseo, de ahí la importancia práctica para nosotros, los terapeutas, de llamar siempre a los niños por su nombre y apellido, pero no designarlos nunca como "el niño", "el rapaz" o "el chiquillo", es decir como un espécimen de la especie en estado de infancia y anónimo. Si lo llamamos de esta manera, es como si lo consideráramos como sujeto ausente de su historia, es decir atrapado en las pulsiones de muerte. Le hablamos a esa presencia, pero ¿a quién le hablamos? Mientras que, si le hablamos por su nombre y apellido, sabrá que nos dirigimos a él como sujeto de su historia, originado como un ser humano único y sexuado en el deseo de ese hombre y de esa mujer, socialmente irremplazable y no intercambiable.

Creo que hay que distinguir bien las pulsiones de muerte, de los comportamientos agresivos para con otro con el objeto de darle la muerte. E incluso de los comportamientos pasivos frente a otro, que te da la muerte.

En el primer caso, el comportamiento está subtendido por las más intensas tensiones libidinales, agresivas, fálicas, orales e incluso uretrales, si no es que del todo genitales, centrífugas o centrípetas, puesto que las pulsiones genitales existen, por definición, para llevar un fruto que será una criatura viva y sexuada, y no un cuerpo funcionante.

De todas maneras, son pulsiones por lo menos uretrales, es decir de penetración, de introducción en el otro, de percusión. Penetrar es uretral. En la niña, es el deseo de hacerse penetrar y en el niño el de penetrar en el lugar genital.

En la niña es lo que se puede llamar pulsiones vaginales, pregenitales, sin relación con el fruto que se lleva. Es realmente el relajamiento de la pulsión, el deseo de violación. La niña desea ser violada en su parte genital, y el varón desea violar, percutir, penetrar.

Todo esto es uretral y sirve para el relajamiento de la tensión en ese lugar. En la niña, puede ser mezclado con lo oral, mientras que en el varón, con lo anal.

Lo uretral y lo anal están muy juntos en el varón. Lo comprobamos en los pequeños de veintidós, veintitrés meses que no distinguen en sus sensaciones perineales las ganas de orinar de las de defecar, lo que, en la manipulación de los calzones por las madres, provoca escenas muy chuscas. Muchas son esas inocentes que, sin saberlo, vilipendian a sus niños y los califican de idiotas con relación a sus niñas, si las han tenido. Las niñas, en efecto, aprenden muy pronto a diferenciar entre una micción y una defecación inminentes. De ahí que más adelante, pueda haber una confusión entre lo anal activo y lo uretral activo si los padres no dan las palabras justas a las funciones del cuerpo que permitan al niño diferenciar las sensaciones viscerales miccionales y defecatorias que pueden provocar erecciones puramente fisiológicas, de las sensaciones eréctiles que son sensaciones de orgullo y de deseo.

Para una niña, es un deseo de ser penetrada y de convertirse en un objeto para el otro. Tal deseo puede llevar a una mujer muy excitada a pedir a aquel con el que hace el amor que le haga daño. Lo que los hombres califican un poco precipitadamente de masoquismo femenino. En efecto, si una mujer se siente bien con su cuerpo dominado y penetrado, el relajamiento y el orgasmo le son tanto más agradables cuanto que ella no es ya responsable de su deseo.

Sabemos que la culpabilidad del ser humano viene del sentimiento que tiene de ser responsable de su deseo, puesto que no sabe de qué es responsable. No sabe cuándo comienza esto, ni tampoco hasta dónde llegará. Entonces, cuando es el otro el que se hace cargo, tanto mejor, siempre es bueno derivar la culpabilidad de un deseo que el otro asume por uno.

Eso es lo que los hombres llaman masoquismo. En realidad, es más bien una estratagema para buscar el placer sin sentirse responsable de su propia agresividad. No es en absoluto una búsqueda del sufrimiento como placer masoquista. Son pulsiones de placer oral lo que una mujer experimenta en sus vías genitales y quiere sentirse justificada por experimentarlas. Si el otro no la comprime dentro de su propio cuerpo ¿cómo sentiría ella en cambio el derecho de aplastarlo cuando la haya penetrado?

Todo eso, el aplastamiento, lo digo exprofeso de esta manera, son pulsiones orales agresivas. Golpear, son pulsiones anales.

P.: ¿Pulsiones anales? ¿Por qué?

F.D.: Porque, en los niños, es la época de la musculación estriada de los miembros esqueléticos que se desarrolla al mismo tiempo que la posibilidad del dominio de los esfínteres igualmente compuestos de músculos estriados. Los esfínteres son controlados a la vez por el cerebro arcaico que determina nuestros automatismos vegetativos inconscientes y por la corteza, sede de la voluntad consciente. Dependen pues de una doble instancia de control, como el corazón.

El corazón es un músculo estriado que no obedece a la voluntad consciente, pero que sin embargo puede terminar por plegarse a ella, a fuerza de múltiples mediaciones imaginarias. Son prueba de ello algunos yoguis. Llegan a moderar el músculo cardiaco y a hacerlo latir a treinta latidos por minuto, en lugar de los setenta normales. Llegar a eso exige un trabajo imaginario considerable que no puede efectuarse sin una transferencia a un gurú, el cual posee el dominio de sus músculos viscerales.

Identificándose con él, amo de sus músculos viscerales, es como uno se convierte en un alumno o un aprendiz, exactamente como un niño obedece voluntariamente a sus padres, convirtiéndose así en su objeto parcial para dejarse guiar por ellos, que poseen el dominio que él quiere adquirir.

Después del desprendimiento de esa transferencia hacia el gurú o los padres, será cuando el individuo, así formado, habrá adquirido su propio dominio. Esto prueba que algunos seres humanos pueden hacer con suerte que sus músculos estriados —vegetativos o viscerales— se conviertan también en los lugares del sujeto del deseo: por todo ese trabajo inconsciente de dominio, por medio de una transferencia y de operaciones de mediación imaginarias. Mientras que habitualmente, en la mayoría de nosotros, esos diferentes músculos son lugares de pulsiones de muerte, es decir de ausencia de participación del sujeto del deseo. Los músculos viscerales y su funcionamiento forman pues parte, para la mayoría de nosotros, de las pulsiones de muerte. Por otro lado, es cuando el sujeto está dormido cuando su tensión está en lo mejor de sus posibilidades fisiológicas, cuando su corazón late al ritmo óptimo y cuando su respiración es más profunda. El mamífero humano que no tiene emociones vive muy bien. Por otro lado vemos que los niños autistas en los que el sujeto está ausente —no sabemos dónde esté, está en todos los azimuts, pero ¿dónde? nadie sabe nada— tienen un cuerpo que funciona muy bien y que nunca está enfermo, porque está casi enteramente dentro de las pulsiones de muerte.[1] Cuando un autista mejora, atrapa resfriado tras

[1] ¿Tal vez se trata de los que colindan con la inmediatez del disfrute de ser, experimentada durante la escena primaria de la concepción, "sujeto-no sujeto" titubeando entre tomar carne o no, sexo masculino o femenino, ser para quién?

resfriado, otitis tras otitis y todas las enfermedades infantiles clásicas. Por lo tanto las pulsiones de muerte a veces activas, a veces pasivas, pero siempre reflejas, son privativas del sujeto. En fin, yo diría más bien, en lugar de reflejas, no modificables por las intenciones del sujeto.

A partir de los siete años, la inhibición histérica no funciona más que sobre el caparazón esqueleto-muscular estriado, pero en absoluto sobre sus músculos viscerales.

En los pequeños, por el contrario, la histeria puede funcionar sobre el tubo digestivo y sobre el respiratorio, pero a partir del momento en que hay bloqueo del cuerpo motor, de la marcha, de la deambulación, de la carrera, los músculos viscerales no están ya sometidos a la voluntad ni al control. Entrarán en juego en emociones inconscientes, pero no en emociones preconscientes. Esto no está lo suficientemente estudiado por los psicoanalistas. Tocaría a los médicos psicoanalistas y a los pediatras estudiar manifestaciones como las diarreas, los vómitos, el peristaltismo superactivado, invertido, el bloqueo y los espasmos, las invaginaciones intestinales, y descifrarlas como un lenguaje.

Para volver a las pulsiones de muerte, muchos las confunden con las pulsiones pasivas. Es un craso error, me parece, debido a que el individuo que es pasivo parece totalmente agotado. Pero ¿qué siente? Tal vez esté en vías de engañarlo, de tenderle una trampa, por lo tanto de estar muy activo desde el punto de vista libidinal. El comportamiento observable por los demás no permite nunca presumir las pulsiones en juego a través de ese comportamiento.

En todo caso, no será nunca según el comportamiento aparente como se pueda determinar que las pulsiones están en juego en una curación.

En lo que a mí concierne, hay algo que no he resuelto y que me parece muy complicado a propósito de las pulsiones agresivas de expresión pasiva y de las pulsiones de muerte. Me ha costado mucho trabajo diferenciarlas. En conjunto, esas pulsiones las conocemos en forma de enfurruñamientos. Los enfurruñamientos, para no hablar más que de algo muy banal, son pulsiones agresivas de expresión pasiva.

Esas pulsiones agresivas se dirigen al otro, pero, a fuerza de ser pasivas en su expresión, el otro como espejo, por el juego de la identificación, remite al sujeto, de manera pasiva, su agresividad pasiva. El sujeto mismo se vuelve entonces el testigo pasivo de su agresividad pasiva. Es decir que se pone una trampa a sí mismo, si el otro es indiferente. Tal vez, por otra parte, tanto como si el otro se siente agredido.

Algo sucede ahí que es un punto sin retorno en la expresión libidinal y puede desembocar en las pulsiones de muerte. Pienso que esa actitud está centrada alrededor de la inhibición y que es del orden de la histeria, pero que el hecho de ser para sí mismo su único compañero elegido y su único interlocutor, puesto que no hay ya nadie con quien hablar cuando uno se enfurruña, funciona como una verdadera trampa, induciendo a una regresión masiva. Ésta puede conducir a tal desnarcisización que el enfurruñado puede renunciar a ser sujeto y caer en las pulsiones de muerte.

Al provocar la agresividad con su actitud, se podría decir que el enfurruñado encuentra en ello una satisfacción. Pero, por una parte, al no poder expresar esa satisfacción, por atascado que esté en su enfurruñamiento, y por la otra, renunciar a su comportamiento puesto que le produce una satisfacción, la interacción de esas actitudes termina por producir una especie de minicatatonia emocional. Es curioso que, en la educación, se censure a los niños que se enfurruñan, cuando que son seres de una sensibilidad exquisita, jamás bastante seguros de su valor para los demás. Tienen un comportamiento que parece narcísico, cuando que en realidad tienen un narcisismo primario mal asegurado. Los enojadizos son atormentados que tratan de hacerse los impávidos con ellos mismos. Con su enfurruñamiento tratan de resolver lo mejor posible los problemas que les plantea su extrema sensibilidad, diferente de la de los miembros de su medio. Delante de un enfurruñamiento, esa reacción histérica pasiva, la actitud humanizada debe estar hecha de compasión por un sufrimiento que uno no comprende, pero sobre todo una compasión no expresada directamente.

Es al sujeto que vive en ese enfurruñamiento al que se dirige nuestra compasión, no al yo que traduce el enfurruñamiento, ese yo disfrazado de cosa. Y además, es muy importante que la vida continúe normalmente alrededor de él, que no se sienta excluido de un ambiente móvil y vivo, sino respetado en su libertad de que parezca que se sustrae a él.

Pienso que las depresiones melancólicas giran alrededor de esto. Al principio las pulsiones agresivas no encuentran objeto. Algunos traumatismos fisiológicos pueden también provocar la depresión. Por ejemplo, la hemorragia de una mujer durante un parto. Eso ya es un poco ambiguo puesto que esa hemorragia está en relación con un ser que acaba de dejarla. Una vida asociada durante nueve meses a la suya ha desertado. De golpe ella no solamente se ha vaciado del bebé con el agua del baño, es decir el líquido amniótico, sino también con su sangre. Después de eso, ella se vuelve agresiva con los médicos, su esposo, la vida, y la depresión comienza. Para el recién nacido, la depresión de su madre es un llamado fantástico que lo provoca a devolverle su propia vida para sentir más tarde el derecho a dejarla y a irse. Muchas psicosis de niño han comenzado de esta manera. La psicosis es eso. Esos bebés han sentido que sus madres les reprochaban el haberles dado la vida: por lo tanto se han sentido culpables por haber tomado la vida de sus madres. Es un círculo vicioso del que no pueden ya salir los psicóticos, porque, para escapar a él, les es necesario ante todo inflar de nuevo a su madre. Una vez hecho esto, le son enganchados fusionalmente sin que puedan ya separarse de ella. Por eso es que uno puede comprobar que un gran número de niños psicóticos tienen madres que han tenido una hemorragia en el parto.[2]

Pienso que si se les pudiera explicar a los recién nacidos lo que les ha pasado a ellos y a sus genitores, no tendrían depresión.

Bueno, lo que quiero decir es que, en la depresión, las pulsiones de muerte pueden confundirse con pulsiones agresivas de expresión libidinal pasiva.

Esas pulsiones las percibe el recién nacido al acecho olfativo, auditivo y táctil de su madre. Ésta, vacía de su hijo y de su sangre, aspira a que alguien la llene de nuevo y le devuelva

2 Si no de sangre, al menos sí de energía. Para su padre también, se sabe que su concepción o su nacimiento, lo ha abatido, deprimido, angustiado, o ha modificado su tono genital. Todo esto no dicho, vergonzoso.

vida. Naturalmente es su pequeño, el más receptivo de todos los seres humanos de su entorno, el que va a consagrarse a esa tarea haciendo todo para regresar a ella.

Por supuesto, el pobre niño aparentemente está muy tranquilo en su cuna al lado de ella, pero nadie ve que toda su libido de sujeto que comienza a existir se dirige a transformarlo en médico y en psicoterapeuta de su madre. Y al tratar de cumplir esta tarea, se agota por devolver a su madre lo que supuestamente le ha quitado, es decir él mismo, su vida.

En un caso así, las pulsiones agresivas de expresión libidinal pasiva, es decir la expectativa de la madre de ser inflada de nuevo, desvitalizan libidinalmente y a veces fisiológicamente al niño, al que sin embargo el partero puede encontrar espléndidamente. Esas pulsiones tienen una fuerza considerable, mucho más cargadas de agresividad que las pulsiones activas, pues el deseo de la madre no es reconocido y mediatizado por medio de palabras.

El recién nacido sin esas palabras está como en situación de incesto libidinal.

La misma situación se produce también con los recién nacidos que los médicos condenan al nacer, que su madre decide sacar adelante rebelándose contra la fatalidad del diagnóstico, y que lo logra.

Consecuentemente, esos bebés están totalmente poseídos por su madre y presentan graves perturbaciones de carácter. El psicoanálisis de esos niños permite comprender que han sido violados por sus madres, como si se tratara de un verdadero incesto, para obligarlos a vivir transgrediendo la ley de la sociedad, representada en esa ocasión por el diagnóstico de los médicos. Es demasiado pesado para esos niños sentirse de tal manera deudores para con sus madres, deudores por haber recibido dos veces la vida de ellas.

Toda la agresividad de estos niños consiste en rechazar a su madre que se ha interpuesto entre ellos y la sociedad, en lugar de aceptar esta ley. Corresponde a nosotros hacerles comprender esto a nuestros pequeños pacientes durante su tratamiento.

En cambio, los niños cuyo padre también se ha rebelado contra el diagnóstico de muerte de los médicos no presentan perturbaciones de carácter. En esos casos, en efecto, el niño recibió la vida una segunda vez, pero de su padre y de su madre juntos, por lo tanto sin incesto.

Ésos son algunos de los posibles accesos a la psicosis.

Para resumir, creo que uno se encuentra siempre en presencia de un sujeto que ha perdido brutalmente sus señales con relación a sus valores esenciales, así como la posibilidad de poder reconocerse. Después de todo lo que acabo de decirles, me doy muy bien cuenta de que les sea difícil admitir que las pulsiones de muerte no tengan relación con la desaparición de la vitalidad en el otro.

Teóricamente, no. Pero secundariamente, sí. Debido a la confusión con las pulsiones agresivas pasivas.

Así por ejemplo, hay padres que se sienten culpables por haber dicho a su hijo que deseaban su muerte, que jamás debieron haberlo traído al mundo, ya que éste no les ha procurado el placer que esperaban de él. En ese caso, no estamos en presencia de pulsiones de muerte, aunque un deseo de muerte haya sido formulado expresamente, sino en presencia de pulsiones libidinales agresivas. Es una historia de amor burlado, de narcisismo herido, de relación libidinal incestuosa, pero ciertamente no de pulsiones de muerte. Muy por el contrario, esos son verdaderos padres, que no inhiben su libido agresiva respecto a su hijo.

P.: Pero cuando una madre traduce su agresividad en actos, por ejemplo al golpear la cabeza de su hijo contra la pared, hay por lo menos una cierta pulsión de muerte ¿no?

F.D.: ¡Pero no, señora, en absoluto! Es una pulsión libidinal agresiva que se sirve de un objeto de transferencia. ¿Qué niña no ha hecho eso con su muñeca? En ese caso, es una mujer que toma a su hijo por un fetiche. Sí hay pulsiones de muerte en el sentido de que ella no ve a su hijo como sujeto, sino como una cosa, un objeto parcial por destruir.[3]

[3] Él la decepciona. La fastidia, tal vez ella lo quiere como "su cagarruta". Se trata de pulsiones libidinales y no de pulsiones de muerte predominantemente.

P.: ¿Cómo colocaría usted el insomnio en clínica psicoanalítica?

F.D.: Es un estado en el que el narcisismo primario está en lucha con las pulsiones de muerte. El sujeto no puede regresar al olvido de sí mismo que representa el sueño, debido precisamente a inquietudes narcísicas.

Esto me hace pensar en la forma como murió uno de mis amigos psicoanalistas, que desde hacía varios días nos había pedido a quienes lo rodeábamos, que lo despertáramos si lo veíamos dormir. "Sé que si me duermo, moriré", decía. Y en su caso era cierto. Tenía una enfermedad del pulmón que le impedía respirar, y murió prácticamente asfixiado. Era muy importante para él respirar lo más estrechamente posible, para no agotarse, y sabía que si se dormía no tendría el aguante de efectuar en el sueño el trabajo de respiración que le permitiría seguir viviendo.

Pero en los insomnios, me parece que se debe con frecuencia a que los individuos tienen jornadas vacías de intercambios y de comunicación, o bien que la jornada transcurrida los llenó de sentimientos de culpabilidad. En este último caso, no pueden sino examinar cuidadosamente los pensamientos de lo que hubieran debido hacer.

O entonces no pueden dormir porque se encuentran en una especie de rebosadero de deseos que no han logrado comunicar a otro.

14

LA ENURESIS: UN SÍNTOMA QUE ATAÑE AL TIPO DE LIBIDO — LOS NIÑOS INSOPORTABLES SIRVEN DE ELECTROCHOQUES — REPERCUSIONES DEL EDIPO TORCIDO DE LOS PADRES SOBRE SUS HIJOS

P.: ¿Orinarse un niño en la cama, a los seis o siete años, tiene una significación particular?

F.D.: Todos los niños que se orinan en la cama dejan de hacerlo después de uno o dos sueños de incendio.

Generalmente se despiertan desolados por haber mojado su cama cuando que acaban de soñar que estaban apagando un fuego. Hay que ser generoso: usted sueña que apaga valerosamente el fuego, y en lugar de eso moja su cama. ¡Y encima lo insultan!

Es una imagen uretral utilitaria y valerosa. El niño sueña que es el salvador, y en lugar de eso se inunda.

En realidad, se trata de la extinción del fuego del deseo que se dirigía a la casa, es decir al cuerpo de la madre y del padre. Esos sueños se producen siempre en el niño en el curso de lo prohibido del incesto, que se vive de manera completamente inconsciente. Ineludiblemente hay que apagar el fuego del deseo incestuoso, cuando, globalmente en la niña, y precisamente en el varón, está asociado a la reproducción, es decir al lugar genital.

La enuresis gira siempre alrededor de la no valorización de la sexuación y atañe al tipo de libido, según si el sujeto es varón o una niña. Es decir, atañe ya sea a un deseo centrífugo del varón en su pene, y a un deseo centrípeto de la niña en la vulva: el deseo de penetración del pene.

El tipo de la libido, centrífugo o centrípeto, está muy dialectizado.

Así por ejemplo, cuando una madre culpabiliza sin cesar a

su hija por hacerse la seductora para atraer la atención de los chicos, al mismo tiempo culpabiliza, sin saberlo, el deseo del pene centrípeto en su hija. De eso, a lo que esa niña se dice: "si tuviera un pene centrífugo, podría conquistar a los muchachos", no hay más que un paso, que puede hacerla preferir la piel de un niño a la suya. Al imaginarse varón, se transforma en realidad en sujeto actuante.

En la serie animal, sabemos que las terneras que nunca han estado con el toro, terminan por jugar ellas mismas al toro, es decir montar a otra ternera, indicando de esta manera que quieren ser montadas, y que están listas para ello. Como pueden ver, es muy interesante esa manera de imitar a otro cuyo cuerpo fantasea la necesidad.

Para volver a la enuresis, es una terrible frustración para el pequeño varón no poder ya orinar en erección, de un día para otro, hacia los veintiocho o treinta meses. La condición masculina demanda, en efecto, que una erección esté acompañada de un chorro. Y es que hasta esa edad, un bebé varón orina en erección y, de pronto, ya no puede, debido a la terminación del veremontanum, el órgano fisiológico que impide la micción en erección.

Él, que hasta entonces vivía en una especie de comprensión del mundo donde todo tenía un sentido con relación al famoso "¿para qué sirve?" infantil, se pregunta, a partir de ese día ¿para qué sirve pues que el pipí esté tieso como un palo sin que se pueda hacer ya nada? Sobre todo si la pobre mamá, que no etiende nada, prohíbe al pequeño que se toque, o por el contrario, lo anima a que haga pipí en erección.

Injustamente está él ahí, con su erección vertical sin poder hacer pipí, y con una aflicción loca.

Cuando más quiere, menos puede. Es una etapa que los pediatras deberían conocer para poder explicar al niño lo que sucede, y tranquilizarlo, diciéndole que cuando sea grande, podrá de nuevo lanzar un chorro en erección, pero de otra naturaleza.

Es importante decir al niño que no es el único en su caso, que su padre ha sido como él y que todos los hombres han sido así.

En Trousseau tuve en consulta a un niño que vivía en un

pueblo en las afueras de París con su abuela. Ésta lo había fastidiado y frustrado tanto con su sexo que había logrado hacer de él un asunto público. Comprobando cada día que la tapicería de la cabecera de su cama estaba mojada por la orina, la abuela había llamado a los gendarmes del pueblo. Éstos, después de investigar, habían llegado a la conclusión de que era obra "de espíritus mojadores". No obstante, por una curiosa casualidad, esos espíritus no llegaban jamás los fines de semana durante los cuales el niño regresaba a casa de sus padres.

El niño me fue llevado a Trousseau porque comenzaba a tenerles miedo a los espíritus él también, ya que los adultos se habían dejado atrapar en su juego fantaseando con brujerías.

Al principio de las sesiones, negaba categóricamente que estaba ahí por algo, pero hacía increíbles dibujos fálicos chorreando por todas partes. Luego terminó por decirme que, en realidad, era a su abuela a la que le apuntaba con sus chorros de orina, pero que nunca había logrado alcanzarla.

Quería hacerle una jugarreta, sobre todo porque estaba muy enojada porque él tenía pene. Lo hacía rabiar desde que era pequeño por "su rodajita de salchicha". Así que él había decidido utilizarla, su rodajita, y tomar venganza. Pero al mismo tiempo, no hacía ya nada en la escuela y con sus pequeños camaradas no hablaba de otra cosa que de ese tapiz que se mojaba misteriosamente.

Me serví del significante tapiz para dar el primer paso en nuestra primera sesión. Le dije: "¿Entonces, es el pis de ella? ¿Es el pis de los espíritus? ¿O es tu pis que va sobre el tapiz de tu abuela?"

En este juego que es realmente un juego de arrogancia viril, es muy importante que un pediatra apoye al niño en su erección, si no, pasa lo que sucede en la enuresis nocturna. Es decir que durante el día, el niño, bajo el impacto de prohibiciones superyóicas, se abstiene de tocarse el pene. Pero en la noche, esa erección que ha sido impedida todo el día vuelve a tomar toda su importancia y el niño hace pis en la cama.

Es exactamente como las personas hambrientas durante la guerra, que toda la noche soñaban con buenas comidas. Es el sueño consolador tipo, del que hablaba Freud cuando Anna soñaba con las cerezas que se le había impedido que comiera durante el día.

Algunos niños se fuerzan a orinar en erección por la angustia de no ser capaces de apuntar lejos con ese sexo que no lo es todavía, que es todavía un objeto parcial articulado a la altivez de la madre. Es un objeto parcial que es tanto más importante de reivindicar en esa época para un pequeño, cuanto que él se pregunta si no se lo han cortado a las niñas.

P.: ¿No está determinada la actitud de un niño pequeño frente a este problema por su familia?

F.D.: De hecho, todo depende de si la persona que educa al niño para sus necesidades respeta sus deseos. ¿Le deja suficiente autonomía en todas las actividades que conciernen a sus necesidades tanto como a sus deseos? ¿Qué hace él solo? ¿Se viste? ¿Se peina? ¿Se sirve en la mesa? ¿Tiene derecho de quedarse en casa si no quiere acompañar a su madre de compras? ¿Tiene un lugar personal para su ropa, sus juguetes? ¿Tiene libre elección entre varios atuendos, con el eventual riesgo de tomar frío? Son todas las actividades de la vida de ese niño lo que tenemos que estudiar con la madre, para saber lo que contienen de su autonomía y del libre juego de sus deseos, cuando no entorpecen directamente la libertad de acción de los demás.

Es también muy importante comprender en dónde está situado con relación a su calidad de varón o de niña.

Es justamente al examinar todo eso que descubrimos si ese niño quiere seguir siendo un objeto parcial de su madre o si quiere independizarse y terminar por decirle, a propósito de cualquier actividad: "No, no me ayuden ¡quiero hacerlo yo solo!" Lo que es sano. Por otra parte, es la inclinación natural de todos los niños, salvo de los que han tenido una madre depresiva. Los niños insoportables y opositores ayudan a una madre depresiva a no desplomarse. Si usted comienza a cuidar a un niño insoportable, puede estar seguro de que su madre corre el riesgo de un suicidio depresivo.

Un niño insoportable es realmente, de manera crónica, el electrochoque del pobre. Le impide a su madre a lo largo de la jornada que caiga en fantasías depresivas. Siendo agresivo, le da la oportunidad de ser agresiva, en cambio, y le permite mantenerse en la superficie.

Naturalmente la madre es la que necesita un psicoanálisis. Se puede ayudar al niño por otros medios. Por ejemplo, enviarlo a la escuela si es que ella todavía no lo manda.

Un niño cuya madre es depresiva cuando él nace, o que ha tenido una hemorragia durante el parto, con mucha frecuencia es un niño que tendrá que ser más pasivo que los demás, y por lo tanto, se hará pis en la cama. No por no bloqueo sexual, sino más bien por pasividad ante su desarrollo puesto que este último y su nacimiento son los acontecimientos que han provocado la catástrofe en su madre (o en su padre).

Sabemos que el bebé es el primer psicoterapeuta de la madre.

P.: Para regresar a lo que usted decía acerca de la autonomía de un niño en sus actividades cotidianas, recuerdo haberla oído contar un caso. Usted le había prohibido a la madre que limpiara a su hijo. ¿Qué nos dice de eso?

F.D.: Pero estaba grande y manifiestamente había sobrepasado ya la época en que tenía necesidad de la ayuda de su madre para los cuidados de su cuerpo. Un niño puede ser limpio y lavarse, aunque no muy bien, sin la intervención de su madre, a partir de los tres años. Pero tiene necesidad de ser ayudado por medio de la palabra y la atención de su madre. Eso es lo que generalmente las madres no hacen, ya sea que les metan mano, ya que declaren perentoriamente: "¡Hazlo tú solo!" Mientras que el niño tiene necesidad de una mediación por la palabra. Cuando un niño de más de seis años no se lava ni se viste todavía solo, yo me dirijo a él sorprendida: "¿Realmente crees que en la escuela tus camaradas no saben lavarse?" O si ese niño tiene un compañerito de la misma edad, continúo de esta manera, por ejemplo: "¿Tú crees que a tu compañerito también lo lava, lo viste y lo calza su madre? A mí me sorprendería. Puesto que es tu amigo, creo que es un chico desenvuelto." Y sin duda es cierto, pues los niños pasivos eligen como amigos a los niños activos, que para ellos son modelos.

De hecho, las madres de niños poco desenvueltos se hartan físicamente de su hijo, de sobarlo y mimarlo. Harían mejor en ocuparse de su hombre, pero curiosamente, esto ni lo piensan. A partir del momento en que tienen un hijo entre las piernas, olvidan todos los cuidados que antes prodigaban a su amado.

Nuestra acción más eficaz consiste en recordar a la mujer la manera como vivía con su hombre antes de tener hijos. Muchas, no es que sean negativas con su hombre, simplemente han perdido la costumbre de tener atenciones con él. Así que él huye al café de enfrente, en espera de que ella haya terminado la cocina, los platos, los ritos de acostar a los niños, los pañales, las historias que hay que contar, los arrullos. Él está hasta la coronilla.

La mejor manera de ayudar a todo el mundo, es ayudar a la pareja a recuperarse para que el Edipo vuelva a hacerse posible y que la mamá sea tomada por el papá. Cosas tan simples como éstas son muy eficaces, pero a condición de decirlo.

Igualmente, cuando un padre se ve obligado a ausentarse del hogar ¿por qué su hijo se va a acostar en el lecho conyugal con su madre? En casos como éste, es muy importante ver al padre y hacerle que recupere su lugar de separador entre la madre y el hijo.

P.: ¿Qué hacer cuando el padre se ha ido desde hace mucho tiempo a vivir con otra mujer y ha dejado a su hijo su lugar libre junto a su mujer sola?

F.D.: Es muy difícil, sobre todo si el psicoterapeuta es mujer, puesto que ese niño no tiene imagen de su padre. Sin embargo, si llegamos a saber, por la mujer, cuál ha sido la historia del padre, podemos entonces devolver al niño una imagen paterna sana, por medio de palabras. "Si tu padre no ha sabido ser un papá, es porque él mismo, cuando era niño, no tuvo un padre que se lo enseñara." Lo importante es devolver al niño un genitor íntegro, hijo él mismo de un genitor íntegro. Es decir una prosapia masculina marcada de poder fecundador sano, pero una prosapia que permaneció inexpresada hasta ahora, en la relación tutelar de padre a hijo. "Si tu padre estuviera aquí ¿cómo te gustaría que se portara contigo?" Eso es lo que hay que preguntarle. Es ese trabajo de las fantasías lo que devuelve al niño el poder de su dominio de sí mismo, lo que yo llamo su autopaternancia. Y, al mismo tiempo, la arrogancia de su sexo le asegura a él también la paternidad, con otra mujer distinta de su madre, a la que negaba en sus palabras, hasta su encuentro con la psicoterapeuta, ya que la madre identificaba a su hijo con el hombre que la había burlado.

Así que el caso del que usted habla es difícil, porque la madre está ya bajo la férula de su hijo. Tanto más cuanto que es varón y ella carece de hombre así como de compañía.

P.: Pienso en un padre que se haya ido, simplemente porque vio su hogar desplomarse a partir de que su mujer fue madre. Ella no era ya la misma mujer con la que se había casado.

F.D.: Es muy posible que ese hombre le diga que una vez que su mujer se convirtió en madre, la vida sexual dejó de interesarle, lo que sucede con mucha frecuencia. Por un lado ese hombre se sintió gratificado por tener un hijo, pero por el otro, se convirtió en un intruso inútil y sin interés para su esposa. Es muy difícil el primer hijo de cada sexo para una pareja joven. Por ejemplo, si hay tres hijos del mismo sexo y el cuarto es del otro, los problemas pueden comenzar, pues son los celos edípicos los que se trasladan al primer hijo de cada sexo. Generalmente sucede, pero existen las particularidades de la vida de cada quien. Por ejemplo, una madre obsesionada con su padre, lo pierde en el momento del nacimiento de su enésimo hijo: éste va a ser completamente edípico para ella, pues hasta ahora ella ignoraba que tenía a todos sus hijos para su padre. De repente, lo descubre, y ya no le interesa en absoluto ser madre, ahora que sabe que su padre ya no verá a esos hijos. Esos niños están marcados con el sello particular del Edipo de su madre o de su padre.

Recuerdo a un hombre que me decía: "Mi padre y yo vivimos en simbiosis." Luego, su padre murió. Entonces, privado del lazo simbiótico que tenía con él, este hombre lo trasladó a su hijo, el cual se descarriló.

En efecto, el hijo sirve de fetiche a su padre, cuyo propio padre jamás lo fue verdaderamente.

En tiempos de la vida del abuelo, el niño tenía una relación triangular él-su padre-su madre. Ahora que su abuelo ha muerto, tiene una relación él-su padre-la muerte. La madre y la muerte se confunden, pues el padre toma a su hijo como objeto privilegiado y, al hacer esto, despoja a su mujer de esta relación. Remplaza su relación con ella por la relación que tenía con su propio padre, en la situación triangular del niño. El padre se convierte en la representación de la muerte que él niega. Priva al hijo de su identidad. Ni el padre ni el hijo pueden, por lo tanto, resignarse a la muerte del abuelo.

El padre, por otra parte, había ocultado al hijo la muerte del abuelo. He aquí un buen ejemplo de un niño que, sin saberlo, toma tanto el lugar del padre como de la madre, de la hermana, del hermano muerto... de uno de sus padres, permitiendo a sus padres experimentar en él sus celos y su dependencia erótica homosexual o heterosexual. Esto de manera totalmente inconsciente.

Las "lesbianerías" de madre a hija son un ejemplo típico de eso. Estas complicidades mujeriles en las que el padre queda completamente desplazado son del orden de lo que la madre había vivido con su propia madre y que vive con su hija, desde que su madre desapareció. Esta mujer jamás fue castrada de una homosexualidad con su madre, quien a su vez no lo había sido de su propia madre.

P.: ¿Deben los padres hacer que sus hijos formen parte de sus experiencias?

F.D.: Creo que lo que es más nocivo, por parte de los padres, es engañar a los hijos acerca de la realidad de las experiencias que viven. Ya sean experiencias en relación con sus propios padres, o de tipo cotidiano. Muchos hijos se sienten rechazados porque sus padres no les dicen, por ejemplo, sus preocupaciones de dinero, simplemente con cifras. En lugar de justificarse de cualquier manera.

Un hijo muy joven podría comprender lo que es un presupuesto familiar si sus padres le explicaran el valor del dinero y de los objetos. Habría muchos menos hijos ladrones y secuestradores. La aceptación de la castración por los padres facilita la tarea de sus hijos. Los padres, me parece, tienen miedo de descender de su pedestal. Temen que sus hijos comprendan, por ejemplo, que están limitados financieramente. Aunque los hijos lo saben de todas maneras. De este modo, el hecho de no poder comprar un automóvil de tal o cual marca representa para algunos padres la obsesión de ser desvalorizados a los ojos de sus hijos. Cuando no hay nada de eso. Bastaría al padre explicar a su muchacho que lo que gana al mes no es suficiente para esa compra, en lugar de decirle que esos automóviles son feos y que sólo los imbéciles compran semejantes cosas.

El hijo sabe muy bien que eso no es verdad, de ahí una desestima recíproca y una falta de yo ideal (el padre, para el hijo), pues ese padre niega su importancia para realizar sus deseos, en la realidad.

Si el padre dijera: "Ése es un auto formidable, me encantaría comprármelo si tuviera dinero!" le haría un gran servicio a su hijo. Un niño encuentra siempre que sus padres son gente formidable si asumen sus debilidades y sus carencias frente a su deseo justificado aunque inaccesible.

P. (hombre): Me gustaría hablarle del caso de un niño cuya psicoterapia está atascada desde hace varias sesiones. Desde la primera consulta del niño, la madre inició un psicoanálisis por su lado. El padre, también presente, obviamente pedía a gritos un análisis para sí, pero de ninguna manera quería reconocerlo. El niño, por su parte, deseaba realmente tener un tratamiento para él. Desde entonces, he recibido al niño solo. El padre ha vuelto un par de veces, por su propia iniciativa. La última vez me explicó que se pagaba un análisis en beneficio de su hijo. Estaba contento, porque en la casa la palabra comenzaba a circular entre ellos tres. Al día siguiente, exactamente, volví a ver al niño, quien me cuenta un sueño en el que él es el analista de su familia. A partir de ese momento, no puede decirme ya prácticamente nada. Lo he visto dos o tres veces más, pero está totalmente bloqueado. Es muy difícil rectificar esa situación en la que el niño es una especie de apuesta perversa de parte del padre. Me parece que el problema está aquí: el padre me pide a mí un análisis, sin desearlo realmente, pero de todas maneras se lo paga en beneficio de su hijo.

En tales condiciones, me he cuidado de indicarle un psicoanalista. ¿Qué puedo hacer para desbloquear a ese niño?

F.D.: A pesar de todo podría usted hacer algo. El padre estaba consciente de que su actitud era perversa y que había creado un efecto inhibidor en el desarrollo de su hijo. Ahora bien, eso no es lo que ese hombre desea; conscientemente desea que su hijo se desarrolle. Si usted le explicara esto y la razón por la que usted no le indica ningún terapeuta, tal vez terminará por comenzar un análisis.

P. (hombre): Pero eso es de lo que hablamos la última vez.

F.D.: De acuerdo, por él, que supuestamente quiere ser el padre, en realidad juega al hijo. El niño se convierte en adulto y el padre se encuentra a remolque del hijo. Tal vez podría usted aclararlo buscando con él si no ha habido un problema análogo en su propia familia.

P. (hombre): Pero de eso se niega a hablar. Ésa es toda la dificultad.

F.D.: De hecho, ese padre tiene necesidad de una relación homosexual con usted. Pasa por las palabras que usted le dirige y que le dan sin embargo un principio de castración simbolizante, consecuentemente, al hacer un análisis. Es un padre que ciertamente ha carecido de un padre, y de un yo auxiliar, en su juventud.

P. (hombre): Me dijo que había perdido a su padre a los tres o cuatro años.

F.D.: Es muy frecuente eso. El tratamiento comienza con un hijo, porque los padres sufren al verse como son en el espejo de su hijo. A partir del momento en que el padre esté en análisis, el hijo no lo necesitará ya.

Por otra parte, a menudo cuando los padres llevan a su

hijo a la consulta, éste se las arregla para meterlos al consultorio e irse. ¡Sabe muy bien que son sus padres, y no él, los que necesitan hablar! El niño que necesita una terapia, se da cuenta, porque no puede asumir sus pulsiones y transformarlas en comercio armonioso con los demás. Ese tipo de niño, con frecuencia deja a sus padres que hablen durante varias sesiones, y cuando él siente la necesidad de hacerlo, simplemente entra y les pide que se vayan.

Ese día, es la castración para los padres.

La ausencia de castración, llegada del padre, actualmente muy de moda a partir del doctor Spock [1] y otros, lleva a no pocos niños al análisis en el momento de la crisis edípica. Si usted ha podido apreciar que el niño ha hecho una buena sublimación, es decir que no tiene problemas de palabra, de continencia, en su primera socialización, puede estar seguro de que las dificultades del niño provienen de que sus padres evitan darle la castración edípica. "No hay que traumatizarlos, por supuesto, pobres pequeños..." Ahora bien, ése es un momento muy difícil para las familias, si el psicoanalista entra en una terapia a largo plazo con el niño. Por el contrario, si lo ve muy poco y restablece rápidamente una situación triangular normal al recibir a los padres y al ayudarles a asumir su vida genital, el tratamiento irá muy rápido. Eventualmente hay que alejar al niño diciéndole por qué. Por ejemplo, si se trata de un varón, el padre puede decirle: "He oído que molestas a tu madre cuando estoy ausente. Debes saber que no dejaré que nadie moleste a mi mujer cuando yo no estoy. Y cuando estoy, haces toda una comedia para irte a acostar o para sentarte a comer. Estarás más tranquilo de interno. Ni tú ni nosotros nos moriremos por eso. Harás muchos amigos. Me molesta hacerlo porque es muy caro, pero ya nos las arreglaremos, te mandaremos pastelitos todas las semanas, te consolaré, pero esto tiene que terminar." Algunas veces basta con decirlo, y tres semanas después todo ha vuelto a la normalidad.

Pero, a veces, no basta; porque la madre está indecisa. Soplonea para que su marido dé palizas, pero al mismo tiempo,

1 El doctor Spock, médico estadunidense y autor de un *best-seller*, aparecido en Estados Unidos en los años 1950, que ensalzaba los beneficios de una educación totalmente permisiva.

está muy contenta por ser masoquizada por su hijo o hija cuando el marido no está. Hay que estudiar atentamente la situación de dependencia que esta mujer puede repetir del tiempo de su infancia. Por ejemplo, con sus hermanos pequeños.

Creo que los psicoterapeutas no están lo bastante enterados de la crisis edípica como para apoyar suficientemente lo castrador y la identificación de la niña con otras mujeres, y la del niño con otros hombres.

En realidad es un período en el que el niño piensa que debe proporcionar supuestos placeres a sus padres, sin lo cual se imagina que los hace sufrir. La educación en nombre del proporcionar-placer al padre o a la madre es pervertidora, después de los cuatro años cuando mucho. El padre y la madre, esto debe quedar claro, esperan el placer de su unión, y no de sus hijos.

Al elegirse yo auxiliares extrafamiliares, ya sea de parientes más lejanos, ya de colaterales o de camaradas, los niños en la edad del Edipo tratan de salirse del callejón sin salida familiar.

Si no, continúa el mismo disco y el niño se rezaga. En lugar de entrar en la fase de latencia, se arrastra en un Edipo que, por suerte, con frecuencia se somatiza. Una pequeña puede tener una crisis de apendicitis, por ejemplo. El cirujano le va a retirar al pequeño bebé mágico de sus pulsiones anales con mamá. O también un pequeñín puede usar lentes porque de repente se vuelve miope: no quiere ver más allá de sus narices, porque ve demasiado las tetas de mamá cuando lo deja entrar en el cuarto de baño.

O bien tics de los ojos para ver/no ver, ese modelo aborrecido, inimitable en sus relaciones con la madre, que es el padre para él.

Es el problema funcional o la somatización frecuente lo que acaba siempre por llegar en la fase de latencia, cuando no ha sido dada la castración. Pero esto es la crisis edípica en niños que han superado bien lo oral y lo anal. Surge, por ejemplo, cuando en el momento de la genitalidad del hijo, el padre tiene un período de servicio militar y el hijo regresa a la cama de la madre. O bien, cuando el padre se va a hacer un viaje y el niño se ha acoplado en pulsiones regresivas en lugar de aceptar el Edipo. Creyó que había llegado, que podía remplazar al padre. Y la madre, parte de grado, parte por fuerza, más o menos lo ha dejado hacer, como si su marido ausente físicamente no estuviera presente moralmente.

P. (hombre): ¿Qué piensa usted del sueño en que ese niño, del que acabo de hablarle, se ve como el analista de su familia?

F.D: Un sueño así indica que ese niño se identifica con el analista. Ahora bien, con quien se debe identificar, es con su padre, en el Edipo, es decir en la relación de su padre con su propio padre en el Edipo. Pero como su padre perdió a su propio padre muy joven, se identificaría con un muerto. Por eso es que se identifica con el analista, pero también con el abuelo muerto que detiene la evolución de sus pulsiones.

Ve usted, el niño edípico debe identificarse con el padre. Identificarse con el analista, es lateral, es seducción homosexual. Pienso que un niño, antes del Edipo, tiene tantos sueños que le conciernen, en sus pulsiones, como sueños que conciernen al padre que no pudo tener su Edipo. Esos sueños pertenecen pues a los padres.

Por otra parte, con frecuencia los cuenta. Pero comprendamos bien: un niño se identifica con un adulto del mismo sexo porque es el representante de su yo ideal, de su yo de niño yendo-deviniendo adulto. No importa qué compañero masculino de la madre sea ese yo ideal, y no importa qué adulto pueda serlo puntualmente. Pero en el caso en que ese adulto no sea el compañero genital de la madre, esa identificación no es totalmente edípica. No corresponde más que a uno de los componentes del Edipo que satisface las pulsiones homosexuales, es decir las del niño enamorado de sí mismo en ese adulto.

Esa identificación es tanto narcísica como homosexual.

Entonces, su interpretación de analista a propósito del sueño de ese niño podría consistir en significar al niño que no puede ser ese señor que ha trabajado para escuchar y comprender a los demás y que no es ni su genitor, ni el compañero de su madre. Sería para él alienarse en un papel e impedirle crecer y convertirse en él mismo. Para llegar a esto, va a necesitar renunciar a su modo de vida infantil para que le ocurran cambios duraderos de ciudadano de su edad, y para que se comporte en la casa como quisiera comportarse si su padre lo ayudara.

Lo que este último no puede hacer, a causa de su propia historia.

Este niño posee en sí una imagen por desarrollar, sin imitar a nadie, que le conducirá a descubrir el modo de comportamiento que le permita convertirse en adulto. Es decir no complacer a nadie, ni a su psicoanalista queriendo imitarlo, ni a cualquier otra persona que puede no ser él.

Esto que digo no invalida el hecho de que la mutación del inconsciente del niño, apoyada por su transferencia hacia usted, va a permitir a su padre recomenzar en la vida corrigiendo su homosexualidad herida, ante su propio padre ausente.

Percibimos típicamente, ahí, la dificultad particular del tratamiento psicoterapéutico de los niños conducidos por sus padres, y que pagan por ello.

Creo que el pago simbólico, exigido al niño, permite separar el deseo del padre a través de su hijo, del del niño, por sí mismo. Permite analizar con el niño lo que le dije hace un momento.

P. (hombre): Acaba usted de decir que un niño antes del Edipo tiene muchos sueños concernientes al padre que no pudo hacer su Edipo. Y por otra parte, que se los cuenta. Pero en el caso de este niño que sueña que es el analista de su familia, es lo contrario, pues es su madre la que se pone a contarle sus sueños.

F.D.: Es realmente una situación perversa, con ese niño identificado con usted. Usted sirve de abuelo paterno, e incluso tal vez de abuela materna. Ya no sabemos nada. Es posible también que la madre le cuente sus sueños a su hijo para que él se los cuente a usted. Ella también, mediante su hijo, intenta, tanto como su esposo, tomar su lugar en usted. Es completamente perverso. En ese caso, debe usted decirle al niño: "Si tu madre quiere contarte de nuevo un sueño, debe contárselo a su analista y no a ti."

15

DIFICULTADES ESPECÍFICAS DE LAS TERAPIAS ANTES DEL EDIPO — EL TRABAJO DE SUBLIMACIÓN DE LA CASTRACIÓN EDÍPICA — AHMED, AL QUE SU CUERPO SERVÍA DE MADRE

P.: Pienso en un trabajo que hice con una niñita de siete años conducida por su madre. En la escuela maternal, todo había ido bien, pero en la primaria, la niña comenzó a andar mal. Recibí varias veces en consulta a la madre, y recibí a la niña como médico, como si se tratara de entrevistas preliminares. Por lo menos la pequeña demandaba algo. Estaba contenta de venir y de hablar. Esto sucedía durante las vacaciones largas. Cuando terminaron, la madre me dijo desde la segunda sesión que había tomado una decisión importante y que iba a volver a trabajar.

Esta mujer había dejado su trabajo para ocuparse de su hija y se encontraba, desde entonces, en una posición muy infantil con respecto a su marido quien, por otra parte, era de la edad de su padre. En la siguiente sesión, delante de su hija, la madre dijo: "¿Sabe usted lo que me dijo mi hija después de la última sesión?: 'Mamá, hoy tomé una decisión importante, suspendo mi análisis.' Esto seguramente se debe a que yo le dije que iba a volver a trabajar."

Hablé entonces con su hija, la que simplemente me dijo: "Ahora sé que, si quiero, puedo trabajar en la escuela." Pero, justamente, "si quiero puedo" había sido el discurso de la madre al anunciarme que iba a volverse a poner a trabajar.

El tratamiento de la niña se suspendió un poco después, sin que yo tratara de intervenir. ¿He hecho bien?

F.D.: ¿Por qué no, si la niña podía, a su nivel, identificarse con una madre que recomenzaba en la vida?

P.: Sí, pero lo que me inquietó es que habiendo representado para la madre el lugar en el cual hablar, yo tenía el sentimiento de haber impedido a su hija que encontrara su propio lugar de palabras. Y que ésa era la razón por la que se había marchado.

F.D.: ¡Claro que no! Es una niña que no podía ser edípica porque la madre era, en sus fantasías, la hija de su marido. Al ponerse otra vez a trabajar, demostró que se convertía en una ciudadana como las demás y que no estaba ya detenida en su relación infantil con su hija. De golpe, esta última quería recomenzar también, en medio de las ciudadanas de su misma edad. Es todo. Ella está en un Edipo en identificación con su madre. Las sesiones comenzaron por medio de la niña, pero era la madre la que tenía necesidad de hablar con usted para salir de su dependencia de ese señor-objeto parcial que era, en realidad, su marido-mamá.

Creo que había que parar en ese momento. Esa niñita no había resuelto todavía su Edipo, y continuar hubiera podido convertirse en seducción, en lugar de una relación de transferencia. La psicoterapia antes del Edipo es una cosa delicada. Insisto mucho a ese respecto. Debemos parar la cura de manera que el niño vuelva a tomar su identificación, la hija con la madre y el hijo con el padre, y que nosotros no tomemos el lugar de uno u otro de los padres. Sobre todo en una relación dual, cuando no tenemos rival que ofrecerle, si éste no es el paciente que viene después.

¡Y éste no es esa suerte de rival que va a ayudar a castrar las pulsiones genitales!

P.: El día que esa niñita me dijo que iba a marcharse, se puso a dibujarme una señora con sombrero, una cabeza, un gran vientre y sin pies. Eso me angustió.

Durante la siguiente sesión, su madre me contó que su hija había tenido, inmediatamente después, una crisis en el metro, diciendo que estaba paralizada. Su madre había tenido que sostenerla firmemente para llevarla a casa.

Volví entonces a hablar del asunto la siguiente vez con la

pequeña, quien simplemente me dijo: "Voy a dibujar a otra señora hoy." ¿Qué significa todo esto?

F.D.: Bueno, no me sorprendería que de aquí a dos o tres meses usted supiera que la madre está embarazada por segunda vez. En este momento, es su hija la que, en su Edipo, quisiera cargar en sí un bebé para que su madre se quedara en casa, como cuando la cargaba a ella. Su hija vive su Edipo con el deseo de un hijo. Eso significa el vientre grande. La historia de la falta de pies me parece sobredeterminada. Esa niña juega a ser llevada, juega a la mujer con un gran vientre. Se hace tomar en los brazos de mamá, como por un amante.

De hecho, necesita que su madre le hable de sexualidad. Su madre supuestamente está en vías de suprimir su genitalidad porque se va a volver a poner a trabajar. Hace un bloqueo anal. Creo que todo se arreglará si usted vuelve a ver a los tres y hace que le digan cómo enfocan el futuro. Puede preguntarle al padre, por ejemplo: "¿Su hija dice a veces si quiere un hermanito o una hermanita? Si es así, no lo tenga por ella, porque esta es la edad en que los niños piden tener un hermanito o una hermanita."

En este momento, la madre tiene tanto miedo de ir a trabajar y teme tanto el cambio, que ello implica que secretamente desee estar encinta. Pero es la hija la que vive su deseo. La madre tiene miedo de los encuentros, de la vida genital que jamás ha vivido. El caso gira alrededor de esto. Tal vez usted los vuelva a ver, pero, antes, la niña debe plantear bien su Edipo. Es decir saber que no tendrá un hijo ni de papá ni de mamá.

En lo que concierne a la suspensión del tratamiento, creo que es peligroso detenerlo por la sola demanda de la niña, sin hablar del asunto con los padres. Muy bien, ella quiere parar, pero que sea de acuerdo con el padre o la madre y que usted sepa por qué. No olvide que la niña está bajo la tutela de sus padres y tiene necesidad de entrar en el Edipo. Por lo tanto la niña tiene que saber que usted está de acuerdo en suspender, porque sus padres lo están. Y que no se imagine que eso es solamente porque ella ha impuesto su voluntad.

P.: Sí, pero la pequeña me había dicho que su padre estaba de acuerdo.

F.D.: ¡Ella le dice lo que sea! Pero falta oír lo que dice el padre mismo. Ella quiere identificarse con lo que se imagina que usted es. Viendo a su madre de tal manera cambiada, ella cree que usted es su padre. También se ha identificado con usted para que le devuelva su lugar de hija de su padre y de su madre. Es la clase de niña que podría tener un apendicitis por un Edipo no dicho. A partir de los cinco, los siete años, en una niña, la frustración de no tener un bebé en su vientre se transforma en dolor en el vientre para probar que se tiene. Es la peristalsis bloqueada de manera genital, la imagen del cuerpo anal bloqueada de manera genital o uretral, de ahí las cistitis de las niñas: "La prueba de que tengo sexo, es que el pipí me duele." Todo el mundo sabe que el pipí, para los niños, es el sexo.

La patología psicológica de la crisis edípica, es realmente la neurosis infantil. La neurosis del adulto es finalmente una patología prolongada de la culpabilidad pubertaria, la angustia de la castración resucitada del Edipo.

En un niño, en cambio, esto despierta vivencias arcaicas anales y uretrales, que se sitúan en la crisis edípica, y de la cual el padre y la madre no han decidido hablar al hijo. No han expresado que eran ellos, los grandes, los que vivían una vida genital y que su hijo la vivirá más tarde.

Todos los amigos, las amigas, están permitidos en amor electivo, pero no las personas de la familia.

¡Con cuánta frecuencia los hermanitos y las hermanitas, procreados supuestamente a petición del hijo amado, sirven a éste de sustituto imaginario de un hijo incestuoso! Igualmente, las falsas autonomías. Cuando, por ejemplo, los padres obedecen al deseo impuesto por su hijo, autorizándole todo lo que pide.

Tales comportamientos de los padres evitan que el hijo asuma un deseo por negociar con el deseo de los adultos responsables.

Dejar escapar el trabajo de la sublimación de la castración edípica es en lo que consiste hacerse cargo de sí mismo, en la ley de la sumisión de la tutela de los adultos encargados de su educación. La sublimación es de orden cultural y no del orden del comportamiento, motor en sociedad.

En este momento, vemos cada vez más niños que, sin adquirir ningún medio de intercambio con la sociedad que les permita más adelante ganarse la vida, viven desde los ocho o nueve años como en un hotel con sus padres. Sin ninguna exigencia a cambio en cuanto a su promoción social y cultural.

A los catorce o quince años son unos perdidos, pequeños perversos, que según las ocasiones se convierten en parásitos de una persona de su mismo sexo o del otro, por impotencia social, o bien en delincuentes pasivos o activos, según los encuentros, en pandillas de su edad.

P.: ¿A qué le llama delincuentes pasivos?

F.D.: A hacerse mantener, a prostituirse clandestinamente, a ser un parásito, a practicar el robo doméstico, a inmiscuirse en delitos, a vivir de cualquier cosa, fuera de la ley en una sociedad en la que uno no se ha integrado por impotencia real, por falta de conocimiento de las tecnologías del trabajo.

Esos casos son cada vez más frecuentes, pues nuestra sociedad no da a los niños de esa edad los medios para trabajar. Antes, un niño en rebelión contra las reglas de vida familiar, podía realmente asumirse a condición de trabajar con los demás. No estaba fuera de la ley al trabajar, si lo deseaba.

Se han modificado esas leyes que suscitaban la explotación perversa de los niños por los patrones y los adultos. Pero los padres no han comprendido que algunos de sus hijos, aunque ávidos de autonomía, estaban obligados a permanecer bajo su responsabilidad y debían entonces trabajar para promocionarse de manera cultural, en medio de sus camaradas. Y no dejarse mantener pasivamente por papás-mamás cautivados, irresponsables e infantilizantes.

P.: Voy a hablarle del caso de Ahmed, un pequeño argelino psicótico de ocho años y medio. Desde hace cinco años está en un IMP y está en psicoterapia. Es violento, peleonero y manifiesta dificultades para integrarse al grupo de los otros niños que apenas lo soportan. Es el séptimo hijo de una fratría en la que hay cuatro niñas y tres varones. Su madre es conserje y no se ocupó de él durante los primeros dos años de su vida. Lo dejaba solo en un cuarto, sin ocuparse de él, a lo largo de la jornada, excepto para las comidas, pues se las iba a dar. Es muy inteligente pero no habla. No pronuncia más que las vocales pero se muestra muy atraído por la escritura, por la magia de la escritura. Cuando uno escribe su nombre en su dibujo, lo despedaza y se lo mete en la boca, en la nariz y en las orejas. Pasa muchísimo tiempo en los baños y se mete el dedo en el ano. En la calle, cuando oye ruido, se tapa los oídos. Tiene dos casas: la familiar y la nutricia.

Es un niño al que le gusta que le nombren su cuerpo: la nariz, la boca, los ojos, etc. Se siente muy atraído por los catálogos, como el de La Redoute, y recorta minuciosamente lo que le interesa. Es muy observador. ¿Cómo abordar este caso?

F.D.: No podemos ir muy lejos con lo que nos cuenta, sino solamente analizar cómo ese síntoma es una manera de tranquilizarse contra su angustia, y tener una identidad de sujeto nombrado así como un nombre que se puede escribir y que deja una huella, prueba de humanidad. Cuando se mete a la boca el papel con su nombre, podría usted decirle, por ejemplo: "es para aprender tu nombre", puesto que él sabe que usted sabe su historia.

Cuando era pequeño, no teniendo su madre tiempo de hablarle, las palabras no llegaban al mismo tiempo que la comida. Él no ha oído ni su nombre, ni la voz de su madre, mezclados con la comida, y pienso que es lo que hace que quiera engullir su nombre, para inscribirlo en él.

P.: ¡Pero nunca lo engulle!

F.D.: No diga engullirlo en el sentido literal, por supuesto... Pero uno engulle las palabras sólo con escribirlas, uno engulle las palabras con las orejas, el comportamiento de lenguaje de la madre, con los ojos, su olor, mezclado al de los alimentos ¡y al de los excrementos! Eso es de lo que hablo, son las palabras que uno recibe, que le dan el vivir al mismo tiempo que se recibe el alimento. Están siempre mezcladas con el olor de la madre, con su voz y con su vista.

Igualmente, lo que concierne al hacer, es del mismo orden. La madre de Ahmed tomaba sus excrementos, cuando él estaba en pañales, pero no estaba presente cuando él hacía caca. De modo que, para él, meterse el dedo en el ano era ir a buscar a la mamá de adentro e ir a confiar a su mamá interna todo lo que sucede en el exterior.

En general, cuanto menos una persona exterior represente a su madre para el niño, tanto más su propio cuerpo le sirve para hacerla presente.

El concepto de madre no es ni Juliette, ni Annette, ni Fulana de Tal que se ocupa del niño. La madre, en psicoanálisis, es la relación continua con la persona tutelar que crea en el niño la memoria de él mismo-el otro.

Este él mismo-el otro es su primera seguridad narcísica, completamente tejida como la trama y la cadena en la fisiología de su desarrollo, en sus mucosas, en el interior de su cuerpo. Ahmed, como cualquier niño, está dotado de una función simbólica, pero habiéndole fallado su madre, careció de los elementos necesarios para expresar y memorizar esa función.

Por lo tanto ha hecho simbólico todo lo que estaba disponible, salvo la voz, la palabra y los fonemas de su madre.

Tiene miedo de todo, porque todo lo que puede llegar le puede recordar el tiempo de sus pañales, o hacerle creer que va a estar atiborrado de cualquier cosa. Es pues un peligro para sus aberturas llenarlas o vaciarlas. Creo que por eso es que las tapa.

Se mete cosas en la boca, para hacerlas suyas, pero igualmente tapa los agujeros por los que llega la vida, principalmente la vida respiratoria. Porque cuando el olor se va de ahí, él quisiera conservarlo como una huella de humanidad.

Por lo demás, este niño debe apoyarse mucho en los olores. Siendo tan arcaico, evidentemente usted tiene interés en que aprenda a diferenciar los olores.

P.: Principalmente los olores de caca.

F.D.: Claro, puesto que los olores de caca son el "hacer", gracias al cual hace regresar a su mamá y que le permite comprobar que es fálico, es decir actuante. Mientras que cuando está vacío, es solamente un agujero de hambre. El niño que tiene el estómago vacío está al acecho, ni siquiera puede hacer nada. Entonces, el único lenguaje del que ha dispuesto Ahmed, es tal vez producir mal olor para lograr que su madre venga.

Supongamos que Ahmed tiene hambre y que su madre no llega. Está en un estado de pulsiones pasivas, al acecho de su llegada. ¿Cómo manifestar entonces su hambre? Si la manifiesta de manera activa, emisiva, es decir con gritos, su madre viene enojada. Si produce excremento y logra que venga, su deseo por su madre la hace una mamá-caca. Pero qué angustia estar obligado a vaciarse para tener la felicidad de recuperar su objeto de deseo; de ahí, creo yo, la obturación de sus agujeros, que traduce a la vez su hambre y su angustia por satisfacerla.

Además, un niño se dice que su madre es muy aficionada a cargar caca, pues él no puede comprender otra ética que no sea la suya. Si mamá viene a tomar lo que él hace por abajo, y se lo lleva, es que se lo come a escondidas. Una de las razones por las que piensa que la madre se come sus excrementos, es que no le muestra lo que hace con ellos. Si se lo mostrara, él comprendería que está en el mismo terreno prohibido que ella; pero como no lo hace, al verla manipular sus excrementos no puede comprender que esto no es ni un placer ni una forma de madre, sino de jugar con ellos y comerlos.

La madre impaciente que cambia al niño sin decirle nada, no lo reconoce en su "hacer". Por el contrario, si le habla con una voz modulada, el discurso puede continuar sobre la caca o sobre otra cosa, aun cuando la caca ya no esté ahí. Todo lo que se pone en lenguaje, a propósito de lo que hace el niño muscularmente –y que no consiste solamente en expulsar del interior hacia el exterior–, de lo que ve, de lo que piensa, de lo que tira, jala, desgarra, y que modifica su entorno, etc., son palabras que mejoran ese espacio que es el suyo. Su madre, partícipe de lo que ha observado, debe darle las palabras que hagan que él lo recuerde: esto se vuelve interesante puesto que mamá se interesa en ello.

De esta manera el niño asimila poco a poco elementos de lenguaje motores, elementos de lenguaje vocales, elementos de lenguaje ópticos, observaciones, sonrisas, pequeños gestos que hacen reír a su mamá. "¡Ah, pícaro, mira eso, qué sonrisa tan seductora!", dice su madre en ese momento.

La sensorialidad del niño está a la espera de las modificaciones vocales, gestuales de su madre, que dan un sentido de lenguaje y memorizable a todo lo que él siente y percibe.

Sin esta complicidad con el otro conocido, nada de lo que el niño percibe tiene ningún sentido humano, puesto que lo humano no nace sino de relaciones con otro que nunca es igual que él en sus expresiones. Como la función simbólica es continua durante la vigilia del niño, si su madre no le habla, sus percepciones del mundo exterior no están entretejidas más que con su propio cuerpo, cuerpo-cosa, sin rostro. Y con esta cosa tiene repetitivamente necesidad de comer, en lugar de rostro tiene un hocico devorador.

Es el lobo del que hablan los niños, mandíbula de funcionamiento caníbal alimenticio, pero no boca para hablar.

Volvamos a Ahmed. ¿Por qué razón su madre no se ocupó de él?

P.: Como era conserje, no podía tenerlo a su lado. Tenía dos cuartos separados por un patio, el niño estaba en uno y ella en su portería. Con frecuencia olvidaba darle sus comidas a horas fijas.

F.D.: ¿Se lo contó usted a él?

P.: Yo, no. Y no sé si se lo han dicho. Con respecto a sus ganas de hacer caca, nadie se lo impide realmente, pero cuando las manifiesta, nosotros le pedimos que espere a que se terminen las actividades colectivas en curso.

F.D.: Eso es, él se vuelve a meter en sí mismo. Es muy curioso que no se haya vuelto esquizofrénico. Probablemente por el sufrimiento del hambre y quizá también por el sufrimiento del lugar irritado por sus excrementos, ya que no lo cambiaban con suficiente frecuencia; es por lo que está tan atado a su cuerpo. Casi se puede decir "tanto mejor", porque por lo menos tiene un cuerpo suyo. Pero su dedo habla a su ano en lugar de hablar a los objetos.

Probablemente debía tener cosas escritas en un pizarrón, o dibujos en el papel tapiz de su cuarto, para que se interese así en la escritura. Tal vez también ha visto la escritura arábiga, puesto que su padre es de esa nacionalidad. Los arabescos de ese grafismo son tan bellos que con frecuencia fascinan a los niños. Pienso que debería poder escribir. ¿Ya ha pensado usted en llevarle la mano cuando escribe?

Porque nunca ha existido ninguna mediación de su cuerpo de bebé con el cuerpo de otro, está perdido en el espacio y, a pesar de ello, no es esquizofrénico. No está perdido como un esquizofrénico. Mira a la gente, su cuerpo cuenta para él, mientras que el esquizofrénico está embrutecido y no se ocupa de su cuerpo más que para masturbarse. Pero nunca tocará sus agujeros de la nariz, de los ojos, de las orejas. Su cuerpo no existe hasta ese punto. Un esquizofrénico cierra sus agujeros de adentro. Es sordo a la palabra, aunque esté oyendo; es ciego aunque vea.

P.: Ahmed fue hospitalizado un tiempo debido a una sordera.

F.D. Pretendida. También en ese caso debieron meterle cosas en los agujeros de las orejas para examinarlas. ¡Los médicos hacen cada cosa!

Aunque su madre lo haya tratado como un objeto, lo hizo sin darse del todo cuenta de que, dejándolo así en un rincón, su hijo iba a la catástrofe. Afortunadamente, iba a verlo por lo de las comidas, y por suerte no es una mujer que le dejara los biberones en las almohadas. Este hábito es todavía peor puesto que el cuerpo de la madre no está para nada. Entonces el niño no puede identificar su cuerpo más que con la pared o con el techo.

Mientras que, en el caso de Ahmed, por lo menos durante las comidas y los cambios de pañales, su madre estaba ahí. Después lo olvidaba, y él ideó una manera de atraer con pulsiones agresivas, heredadas de lo anal, objeto parcial ofrecido a su madre.

Para tener éxito con la terapia de Ahmed, es imperativo devolverlo progresivamente al nivel de su nacimiento.

Si usted actúa como educador, su actitud debe ser diferente. Consistirá en hacerlo que establezca una relación con lo que pueda, por los olores o por los decires. Al mismo tiempo, como es inteligente, es necesario hablarle. Hay que hablarles a todos los niños psicóticos como se le hablaría a un niño dos o tres años mayor. Comente su comportamiento diciendo, por ejemplo: "Sé muy bien que no quieres tener un comportamiento de grande porque tienes al pequeño que se ha quedado amarrado a ti, y ese pequeño impide que llegue el grande. Pero, trata de llamarlo, como tus compañeritos. Todos los niños que están aquí más o menos han conservado al pequeño amarrado a ellos..."

De esta manera usted puede lograr que se estimulen unos a otros. Es algo que no se aprovecha mucho en los lugares donde los niños están juntos. En las escuelas de antes, con clases únicas, era muy frecuente que un niño de un curso superior ayudara a otro de uno inferior, lo que es una manera de fijar más su propio saber tratando de transmitirlo a un espíritu más joven.

Hoy en día, perjudica mucho que debido a la cantidad de niños se tengan clases de nivel homogéneo.

Lo que hace la riqueza de una familia numerosa es justamente que hay niños con intereses completamente diversos, y que los que no tienen intereses activos, por lo menos tienen un interés pasivo. El estado de alerta de unos por otros es enorme, porque están en diferentes niveles. Los mayores se dejan ir para regresar e identificarse con los pequeños, y los pequeños se promocionan por identificación con los grandes.

En lo que concierne a Ahmed, es importante que usted se refiera mucho a su padre y tal vez que lo haga que recorte de tarjetas postales figuras de hombres y mujeres que representen a todas las personas de su familia, a las que hará que les ponga nombres.

Por supuesto, hágalo que se sitúe él también, para que nunca olvide, en ese IMP, que forma parte de esa familia que lo ha estructurado con las dificultades que le son propias.

Si Ahmed, en ese papel, quiere tachar a su padre, quiere

tachar aquí o allá, si se quita a sí mismo, al día siguiente recorte de nuevo una silueta para conservar siempre la silueta de él en medio de su padre y de su madre de nacimiento, con sus nombres y apellidos. Recorte personajes de La Redoute —puesto que a él le gustan, como a todos los niños que han tenido no pocas relaciones que los han dejado a oscuras— porque eso desfila a su alrededor.

Un día tal vez pondrá una cacerola en lugar de su mamá. ¿Por qué no?, puesto que Ahmed ha tenido una madre mucho más cacerola que otra cosa. Muchos niños con frecuencia tienen madres cacerolas, porque imaginan cuando oyen sonidos de cacerola que es su madre comedora de caca que se está hartando. ¡Tantos niños toman el biberón por caca! En efecto, para ellos su madre se va después que han vaciado su biberón. Va a llenarlo de caca para agasajarse... Así es como un niño imagina el placer que su madre tiene cuando está contenta por haberlo envuelto en sus pañales. Es decir cuando ya terminó con él y se va a hacer otra cosa. El bebé se imagina que es el centro de la vida de su madre porque ella es el centro de su vida.

Entonces, insisto, para que usted se acostumbre a ese mecanismo de pensamiento que le permita comprender bien a un niño poniéndose en su lugar, es necesario pensar de manera poética, sentir, con ese imaginario, el modo de pensamiento infantil. Haga el trabajo usted solo imaginándose muy pequeñito en una cuna diciendo: "¡Mamá, tengo hambre, comer!"

Así comprobará que niños en una situación diferente tienen al principio una visión del mundo completamente distinta. Como todos construimos nuestra visión del mundo de acuerdo con lo pasado, vea lo que eso puede provocar en un niño que no tiene más que un agujero de ausencia —el hambre dolorosa o la caca que le arranca la piel de las nalgas— en lugar de una relación con su madre.

Cuando el esquema corporal y el sistema nervioso de un niño se desarrollan, éste tiene necesidad de coger cosas. Coge lo que está a su disposición. Si no hay pañales, hay excremento e igualmente las partes de su cuerpo que puede alcanzar, es decir sus pies, su sexo, sus orejas o sus cabellos. Pero los excrementos tienen algo muy particular, tienen un olor que hace venir a la madre para retirarlos y llevárselos. Puesto que los retira y se los lleva, tal como trae un biberón lleno y se lo lleva vacío, son pues cosas de boca. La madre es una persona de boca.

Por eso es que digo que el duelo de la boca de leche, es decir la pérdida de los dientes de leche, es un momento de angustia de castración oral y anal, del *habitus* del niño con su madre. Cuando los niños no tienen un *habitus* comportamental sólidamente establecido con su madre en ese momento, se hunden en un estado neurótico. Pues tener dientes de adulto y estar todavía unido a su madre en su olor, en su contacto, en el hecho de que le ayude a hacer esto o aquello, que lo vista, que decida por él, es como tener tres años, cuando que ya tiene siete.

Es la no adecuación del esquema corporal y de una potencialidad de la individuación con lo que está autorizado por la instancia tutelar, o lo que ésta suscita.

16

IDENTIFICACIÓN DE LOS NIÑOS CON ANIMALES — LOS MECANISMOS DE LAS FOBIAS — LA IMPORTANCIA DEL ROSTRO PARA EL DESARROLLO PSÍQUICO — "ME DUELE MI PADRE" — LOS PEQUEÑOS AUTISTAS NUNCA SE ENFERMAN

P.: ¿Qué significa la identificación de un niño con un animal salvaje?

F.D.: La identificación con animales es muy frecuente en los niños. Un enclave completamente inconsciente permanece identificado con un animal y tal identificación puede resurgir en un estado de angustia. Proviene de la no aceptación de su sexo, por ética superyóica, sobre todo en la época anal o uretral. De hecho, la manera de pensar del sujeto ha sido bloqueada por una ética oral, anal o uretral, aun antes de la aparición de las pulsiones genitales. Una vez incitado el sujeto a vivir y a intercambiar con los demás, por medio de pulsiones genitales, funciona de hecho con los medios de lenguaje de los períodos precedentes, y no puede por lo tanto vivir plenamente su genitalidad. El todo de la libido no ha entrado en el Edipo y por lo tanto no ha experimentado la castración de la genitalidad, seguida de la represión humanizante de esas pulsiones. Esta represión tiene un efecto de simbolización para el sujeto castrado, con relación al incesto y solamente al incesto. Esta identificación inconsciente con un animal doméstico, cuando es con dominante afectivo, es la fuente de la presencia necesaria de un animal doméstico cerca del sujeto, una presencia auxiliar para su narcisismo.

Cuando inconscientemente un sujeto se identifica con un animal salvaje, parece que esto proviene de una época anterior a la edad uretro-vaginal. Es como si permanecieran todavía, a flor de piel, ciertas pulsiones de revuelta del sujeto dirigidas contra la incomprensión de los adultos ante esas angustias infantiles de la edad oral.

En muchos análisis, los pacientes tienen sueños en los que son perseguidos por animales salvajes hostiles. Las asociaciones hechas con estos sueños revelan en ellos esa especie de recuerdos interrelacionales con adultos cuyo comportamiento siguió siendo incomprensible para ellos.

Se podría decir que en esos sueños se trata de pulsiones genitales hetero u homosexuales, pero no edípicas, puesto que son duales y no están ligadas a una rivalidad triangular. Se trata pues de la etapa anal uretro-vaginal. Igual que las fobias contra animales son identificaciones negadas con un animal.

El análisis de tales fobias aporta siempre la prueba de que el animal que la causa es, por una razón enclavada en la historia del sujeto, el apoyo narcísico de una identificación que hubiera permitido al sujeto superar el Edipo en el que algo de su libido se había bloqueado.

Las fobias resultan siempre de experiencias que han roto la relación de continuidad del sujeto con su padre o su madre. El objeto fóbico representa lo que desearía ser el sujeto en su individuación, para que su relación de continuidad con el padre en cuestión no fuera interrumpida.

El objeto fóbico es pues un representante del sujeto que puede vivir gracias a esa estratagema, un deseo incestuoso hetero u homosexual. Pero al forjarse esa identidad imaginaria, es decir al identificarse con el objeto fóbico, el sujeto escapa a todo lo prohibido, y se convierte en un sujeto no humano que tiene la necesidad erótica de un objeto no relevante del deseo, es decir de la palabra.

Su deseo se cumple por lo tanto al aniquilar en sí el sujeto de la palabra.

La fobia pone al sujeto en peligro, debido a los afectos pregenitales que siguen estando en actividad. Esos afectos están, en realidad, en relación con una zona erógena de necesidad y dividen el objeto del deseo. La madre, por ejemplo, fondo proveedor de necesidades, es el objeto parcial de su hijo caníbal, pero al mismo tiempo objeto de deseo del sujeto en la palabra.

En ese nivel es donde un niño fóbico está totalmente bloqueado. El objeto de su deseo se confunde con el objeto de la necesidad.

Imaginemos por ejemplo un paciente que tenga fobia a las estatuas. Si en su anamnesis descubrimos que hay una estatua en la cómoda de la recámara de sus padres, podemos pensar que el sujeto se ha hecho el siguiente razonamiento: "Si yo fuera estatua, hubiera podido asistir a la escena primaria."

Es un buen medio de escapar a la castración, pero destructor del yendo-deviniendo de ese sujeto.

En una fobia a las serpientes, por ejemplo, ese reptil puede ser una representación inconsciente del tubo digestivo en su totalidad cuyos dos polos, uno la cabeza con los ojos hambrientos y una lengua bífida, y el otro la cola análoga a los excrementos, personifican para el niño sus malas relaciones con el adulto tutelar, ya sea las que conciernen a la alimentación y las palabras que la acompañan, ya las relativas al adiestramiento y a la limpieza.

Esta fobia se arraiga en el narcisismo herido del niño que la persona tutelar no ha permitido que se exprese en la época preverbal, al no autorizar más que la expresión de necesidades y no la concomitante del deseo de comunicar, impaciente por someter al niño a su voluntad.

Otro ejemplo: el de las fobias a los ratones y las ratas. Ésta puede ser un deseo de identificación con un objeto de caricias, en una época en que el niño espiaba a los adultos y roía algo para expresar la intensidad de sus pulsiones respecto a los demás.

El sustantivo *souris* puede también hacer referencia a la *sourire,** vivida como amenazante, que descubre las mandíbulas de un rostro de adulto frente a un niño, éste todavía sin detadura. Todos esos comportamientos mímicos, con frecuencia sin palabras, que el niño observa en el adulto, están en el origen de la ambigüedad del mensaje que se recibe.

Es clásico decir que el miedo a las ratas o a los ratones está en relación con el miedo al sexo masculino. Pero se dice con demasiada ligereza. Esta interpretación se refiere solamente al período de interés genital del niño. En análisis, nosotros no

* La autora se refiere a lo parecido de la pronunciación de ambas palabras en francés: souris (ratones) y sourire (sonrisa). [T.]

debemos llegar demasiado pronto a conclusiones sobre lo que ya sabemos. Yo he conocido muchas mujeres delante de las cuales no se podía pronunciar la palabra "rata" y que no eran frígidas en absoluto, estando su feminidad adulta perfectamente situada, respecto tanto a la inteligencia como al corazón y al sexo.

Sin embargo este enclave arcaico seguía siendo admitido por ellas mismas y por quienes las rodeaban.

Desconfiemos de los diccionarios de símbolos, lo simbólico de cada quien es distinto de lo del otro. Y para cada uno existe un código inconsciente de su simbólico que se refiere a su historia, mucho antes de la época en que la palabra es comprendida en el sentido que le da el diccionario de los adultos; las formas vivas del cuerpo, total o parcial, responden, así, a emociones de prelenguaje elaboradas por el niño mucho antes de la época del consenso con los demás acerca de la significación de esas formas.

Esto viene sin duda de que la prevalencia de una percepción sobre las otras, olfativa, visual, auditiva, gustativa, táctil, permite que exista una fobia al aislar esa percepción sensorial y al desprenderla de su intricación con las demás percepciones.

En Francia, por ejemplo, es la prevalencia del gusto sobre el olfato lo que permite que nos guste la salsa llamada "Nuocman" (salsa a base de juego de pescado descompuesto en salmuera).

En cambio en el caso de las ostras, objetos de tanta repulsión por su aspecto parecido al moco, al esperma, a lo viscoso, al escupitajo, y por el hecho de que sigan vivas después de haberlas comprado, no entra en juego el gusto.

Ustedes mismos encontrarán muchos otros ejemplos en los que una fobia, más o menos invalidante para el sujeto, se refiere a esa prevalencia insuperable de un sentido sobre los demás que connota la ausencia de lenguaje concerniente a las percepciones arcaicas del niño, permaneciendo siempre en el adulto.

He visto desaparecer, por ejemplo, una fobia a la piel de animales con pelo en un pequeño de dos años, al proponer a los padres que verbalizaran con el niño su interés por el vello púbico de ellos, así como el de las axilas y la barba de su padre. Todos esos vellos le intrigaban globalmente, pero rechazaba su interés porque nunca se le había hablado de la diferencia entre los vellos y los cabellos. A este niño le repugnaba tocar la piel (de los abrigos, de los animales), pero les arrancaba los cabellos a los otros niños.

Este comportamiento agresivo desapareció unos días después de que sus padres le explicaron esa diferencia y le dijeron que él también sería después, como su padre, velludo en las axilas y en el sexo.

¿No habría que analizar las alergias como fenómenos fóbicos, como percepciones agradables o desagradables sin palabras dadas a tiempo, y que por lo tanto permanecen sin representación y sin humanización?

Las pulsiones ópticas, sin cruzarse con las palabras de un tercero, pueden ser generadoras de fobias.

Un sujeto, en efecto, se atormenta si no dispone más que de la vista para aprehender algo. Privado de las demás sensaciones y de las palabras de un tercero al respecto, no puede entonces imaginar ese algo sino de manera aterradora.

P.: Experimento siempre una desazón en mis curas de psicóticos. ¿De qué viene eso?

F.D.: El drama de los psicóticos es que sus relaciones con nosotros están falseadas. Frente a otros seres humanos, no se sienten ni de su identidad, ni de su sexo, ni de su especie, y nosotros resentimos lo mismo, por contaminación.

He ahí por qué les proyectamos que son psicóticos, tanto más cuanto que no utilizan el código en uso entre los demás para expresarse. Pero todos tenemos en nosotros elementos psicóticos. Nuestro cuerpo, por ejemplo: es lo que ha permanecido animal y de lo que no llegamos a hablar. Cada vez que tenemos un problema funcional, es un problema psicótico. En todo caso, es de ese orden, aun si eso no nos hace psicóticos. Es un momento en que el ser humano que somos se pone al servicio del animal herido, del animal enfermo representado por el cuerpo y trata, al hablar su mal, de darle una representación al médico: es decir al que sabe acerca del cuerpo, y del que esperamos que nos alivie haciendo callar a ese loco cuerpo, mediante un pedacito de "ello", un medicamento.

Cuando se le dice a un enfermo que vaya a psicoterapia, se provoca una terrible resistencia: "¡Pero, doctor, no estoy loco, realmente estoy enfermo!"

"Yo" no está loco, pero "mí" tiene un código perturbado que embrolla el acuerdo entre "yo" y "mí". Es ahí donde "ello", el cuerpo, es ajeno a "mí", al que "yo" quiere identificarse. En efecto, el medicamento —es decir, me acuerdo—, un pedacito de "ello", puede momentáneamente calmar el hiato entre "ello" que falta, y "mí", reconciliando "mí" y "yo" por medio de un buen doctor, sustituto de papá y mamá protectores.

Y he ahí a "yo" que se pone a creer en el lenguaje de la medicina, y se somete cada vez más al poder médico al mismo tiempo que se aparta de él, porque hay que salvar a "yo" de la identificación con "mí-ello". Entonces es el momento en que el doctor remite al paciente con el psicoanalista.

A propósito de la identificación con animales, estaba pensando en un rasgo particular común entre los niños autistas y los animales mamíferos. Cuando un animal se hiere un miembro o una parte del cuerpo, nunca se la mira. Los autistas hacen lo mismo, mientras que un ser humano normal observa la parte herida de su cuerpo y pregunta con la mirada al rostro del otro, si hay alguien cerca de él.

Pienso que es el lugar del rostro en nuestro cuerpo lo que nos permite mirarnos. Para el niño, el rostro de sus padres que lo miran con amor, es el espejo de su cuerpo en orden. Dolerle el rostro de sus padres puede implicar en un niño entrar en la esquizofrenia. El rostro de una madre depresiva es sin duda el principal elemento —acompañado de inflexiones de voz violentas o quejumbrosas salidas de ese rostro— para la entrada del niño en lo que se convertirá en mutismo y más tarde en esquizofrenia, es decir una pérdida de contacto y de intercambio con todos los humanos, incluyéndose a sí mismo como ser humano.

Recuerdo la primera sesión con un niño de doce años, sin escolaridad, sin problemas agresivos de carácter, que presentaba un aspecto extraviado y no miraba a nadie.

Le pregunté de qué padecía o dónde le dolía. Como no respondía, me puse a recorrer su cuerpo y sus órganos de la cabeza a los pies, preguntándole si le dolía. Pero no contestaba y seguía con el mismo aspecto perdido, volviendo la cabeza a derecha e izquierda, con los ojos hacia el techo, los brazos separados del cuerpo, así como las piernas.

Ante esa no respuesta, me aventuré: "¿Quizá te duele alguien?" Inmediatamente, el niño juntó los brazos y las piernas, se inclinó para mirarme a los ojos y me dijo con tono de convicción: "¡Oh! sí, señora, me duele mi padre."

Consulté con él, cómo, por qué y desde cuándo le dolía su padre. Le propuse un pago simbólico para cada una de las sesiones en el curso de la cual vendría a estudiar el problema conmigo: "¡Oh! sí, me gustaría mucho", me dijo. Lo que rubricó su entrada a la psicoterapia.

P.: ¿Cómo le vino esa idea?

F.D.: La apariencia de ese niño expresaba cuán desapaciblemente estaba en el espacio, evitando mirar algo, sentarse, caminar y tocar algo. Pero además, parecía estar mal dentro de su cuerpo, no caber en su pellejo como dicen. De todas maneras, cuando un niño es conducido por un adulto tutelar para hablar con esa persona extraña que es un psicoanalista, se necesita que realmente sufra. Pero ¿de qué sufrimiento? La dificultad estaba ahí, puesto que ese niño estaba completamente impasible, casi mudo en familia y en las diferentes instituciones en las que acababa de pasar cuatro años.

Me lo enviaba la psicóloga del lugar que lo había recibido regularmente en psicoterapia dos veces por semana durante tres años, y con la que no se había establecido ninguna transferencia. Sin duda no había comprendido que el niño iba ahí porque ella lo quería así. Más adelante, en el transcurso de una sesión en la que le recordaba yo el tiempo pasado con esa señora, me dijo: "No, yo nunca estuve en psicoterapia, ésa era una señora a la que le gustaba jugar con los niños, pero a mí no me gustaba."

Antes de su tratamiento, tampoco había tenido nunca una gripe ni ninguna enfermedad infantil, tal como sucede con los niños autistas. Poco después de su inicio en la psicoterapia, contrajo una rinofaringitis, primer tributo pagado por la adaptación a la sociedad de los humanos. Por otra parte, el padre, a quien yo había hablado de su hijo, no pudo decirme nada más que: "¡Es un marciano!"

En efecto, no se sentía de nuestra especie. Es lo que nos hace creer que esos seres no están dentro del lenguaje. Lo están, pero al lenguaje que se les habla no corresponde a lo que ellos tendrían que decir. Lo que tendrían que decir, lo significan por su comportamiento y su *habitus*.

Los niños esquizofrénicos a los que se califica de marcianos, no están ni en nuestro tiempo ni en nuestro espacio. Son sujetos desarticulados de su "mí", el que no está construido en su relación con los adultos. Son "yos", representados por un "ello" corporal sin intercambios, que se defienden de los otros humanos ignorándolos: Siempre hay sufrimiento, aunque a veces negado, tal vez porque el sufrimiento de los padres es tal que el niño evita mirarse en sus rostros dolientes.

A los padres de los esquizofrénicos también les duele su hijo y ese dolor lo dicen proyectando en él su incomprensión. Extraños al contacto de ese hijo, esos padres se sienten contagiados de extrañeza y, a su vez, si se comunicaran con él, perderían su frágil equilibrio. Frente a él, su maternidad es enfermedad y su paternidad, dolor.

Lo que también es muy curioso es el sentido extremadamente desarrollado del espacio en los niños autistas, como en los animales. Un niño autista no tropieza más que muy raramente con un obstáculo –contrariamente a los niños de su edad– aunque parece que no ve nada a su alrededor.

P.: Atendí a un niño salido del autismo que me explicó que ahora contraía todas las enfermedades porque antes su cuerpo era de acero, y me mostró alambre de acero.

F.D.: Acero me hace pensar en la palabra "hacer", que muchas madres utilizan cuando sus hijos están enfermos. Sus hijos "tienen" ["hacen" en francés] amigdalitis: "Tiene [me ha hecho] una gripe, tiene [me ha hecho] rubéola", dicen. La utilización de la palabra "hacer" connota también la caca. Los niños autistas están en una situación tal como su madre, que justamente no le "hacen" nada. Y no tienen enfermedades. Cuando ya no son autistas, tienen enfermedades, tal vez porque ya no tienen cuerpo de acero. Quizá hay algo por comprender ahí, en esa alternativa, pero ya no sé que más decirles.

P.: Usted había comenzado a desarrollar un día la significación simbólica de las amígdalas.

F.D.: Sí, pero el hecho de tener amigdalitis repetidamente es completamente otra cosa. En fin, en mis análisis, compruebo siempre la aparición de amigdalitis, en el momento en que el paciente trabaja la etapa oral, pues la amigdalitis es una reacción al abandono. Creo que es un síntoma que expresa el deseo del sujeto de llamar a alguien que no vendrá. La garganta se cierra en el lugar mismo con el que quisiera llamar a esa persona ausente. Es un sufrimiento de abandono.

Por lo menos es lo que ha sucedido en repetidas ocasiones en la transferencia de varios pacientes conmigo, y es siempre sospechoso, puesto que está en una relación particular intertransferencial en la que mi persona desempeña un papel que escapa a mi análisis.

Por otra parte, uno no puede decir que un síntoma es significante de algo preciso, en una etapa dada, más que cuando se reproduce con muchos analistas. En ese momento, es posible decir que hombres o mujeres, con historias diferentes, responden con un mismo síntoma, en una situación dada, en una etapa dada.

En lo que concierne a las otitis, muchos pediatras han comprobado que los niños las contraen muy frecuentemente por no oír ciertas palabras. Cuando es posible retroceder a lo que pasó, a menudo encontramos que se trata de palabras que han afectado a ese pequeño ser humano en un punto sumamente vivo de su estructura amorosa o afectiva y que esas palabras hubieran podido entrar en conflicto con el ser amado de ese momento.

17

CÓMO SE CONSTITUYE EL DOBLE, ESE OTRO EN NOSOTROS MISMOS — LA FORMACIÓN DE LOS DIFERENTES PRE-SUPERYÓ — LA FORMACIÓN DE LOS DIFERENTES PRE-YÓ — LA ENTRADA EN EL EDIPO — FRACASO E IDEAL DEL YO — DEFORMACIÓN DE LA ESTRUCTURA EN LOS DIBUJOS DE NIÑOS — LA INQUIETANTE EXTRAÑEZA O EL ENCUENTRO DEL DOBLE EN EL EXTERIOR

P.: ¿Cuáles son los efectos de un doble mal constituido en un individuo?

F.D.: El doble es ese otro en nosotros mismos que se nos parece como un hermano. Ese espejo de seguridad interior gracias al cual tenemos la certeza de ser el mismo en el espacio y en el tiempo. Cuando esa seguridad nos falla, estamos obligados a suplirla en ese espejo convirtiéndonos en el objeto parcial de individuos reales. Es decir de dar a ciertas personas —amigos, padres, etc.— el papel de espejo de nosotros mismos.

Ese doble se construye desde la más tierna infancia según una dialéctica del otro, en general la madre, en cuyos ojos el niño se contempla como en conformidad con lo que ella espera de él. En efecto, el niño comienza a desear viendo el rostro de su madre. Para el niño, el doble es el "mí-tú".

El rostro de él es, ante todo, el rostro de ella.

El doble se construye gracias a la situación triangular que generalmente existe entre la madre aparejada con el padre y su hijo. Tal situación permite al bebé pensarse, puesto que al identificarse con su madre,[1] puede referirse a otra persona. Es todavía mejor para él si su madre lo introduce en sus conversaciones con los que la rodean. La situación triangular es

[1] Las madres que rechazan o abandonan a sus hijos son las que no pueden identificarse positivamente en sus relaciones con sus propios padres cuando eran niñas. Ocuparse de un niño supone, en efecto, una introyección inconsciente de buenas relaciones tutelares.

no solamente observada, sino también vivida por el bebé. Toma parte en ella como sujeto válido para los otros dos sujetos, y no como objeto de su discurso y sujeto reducido a ver y oír.

Su cuerpo puede ser objeto de conversación con esas otras personas, igual que ve a su madre servirse de él como objeto de intercambio y de palabra con los demás. Él realmente entra en la dialéctica del doble.

El doble se construye también en relación estrecha con el narcisismo de base, completamente inconsciente y que no tiene nada que ver con el narcisismo secundario que permite reconocer su cabeza en el espejo o estudiar los efectos de una sonrisa comercial dirigida al otro.

Este doble produce efectos considerables. Gracias a él, tenemos la fuerza para permanecer enteros cotidianamente y hasta en el sueño, y de encontrarnos al despertar listos para colaborar y para ser cómplices del espacio y del tiempo que habíamos abandonado al dormirnos. Asegura nuestra continuidad a través de nuestros diferentes estados.

P.: ¿No será el doble lo que un individuo busca siempre como referencia de otro? Recuerdo una mujer que me decía que su vida estallaba en pedacitos, que vivía instantes separados unos de otros, sin lazos, sin referencias si no tenía otro con quien compartirla.

En su infancia, el único personaje que había desempeñado ese papel era una abuela muy autoritaria, a la cual, a falta de alguien mejor, todavía apelaba en sus momentos de angustia. Esa abuela me parece más bien un personaje imaginario...

F.D.: En los valores que busca esa mujer, su abuela puede ser imaginaria, pero en el espacio y en el tiempo, realmente ha existido. Sí ha sido un cuerpo que ha debido y debe todavía permitirle que viva una situación triangular al reconciliarla con su doble. Ese doble inconsciente es necesario para que exista una situación triangular, a falta de lo cual nos encontraríamos en la situación de una palabra delirante, intercambiada con nosotros mismos.

Con mucha frecuencia he comprobado que los niños en los que ese doble inconsciente había fallado, tenían padres incapaces de decir "nosotros" o "yo" y no empleaban más que el "se". Se hace esto, se hace lo otro, se piensa que, etc. Si les hago precisar lo que representa ese "se", puede ser "yo" o "nosotros", o el médico, la partera, la seguridad social, la maestra de escuela... Los padres no parecen estar implicados en ese "se", sino más bien sufrirlo y dejarse asimilar por el cúmulo que sugiere tal pronombre indefinido.

En mi opinión, a esos seres les falta la estructura de base indispensable para poder decir "yo". Se encuentran trabados en su doble inconsciente que los obliga a asociarse siempre a su mujer, al grupo, o a cualquier cosa así en su decir.

P.: Una gemela que decía siempre "se", estuvo un año en terapia antes de decir "yo". ¿Qué opina usted de eso?

F.D.: Todo eso es el problema de la no castración del otro. Ya sea la dependencia del niño con respecto a su madre, a su abuela, a una hermana o un hermano, es esa no castración lo que impide la creación del doble inconsciente e implica que se convierta en perseguidor. En términos freudianos, es más o menos eso, el doble perseguidor, pero no el "superyó" perseguidor o más exactamente el pre-superyó perseguidor. Este último me parece que se constituye a partir de una zona erógena electiva, en el estadio precedente, listo para entrar en acción en el cuerpo, en el espacio y el tiempo del sujeto, como un objeto parcial de esa zona erógena imaginada, perteneciente a un período terminado.

Por ejemplo, en la etapa anal, es decir en el momento de la motricidad y del hacer en el que se juega la conquista del cuerpo en el espacio, el pre-superyó aparece en algunos dibujos como un hocico dentado que se pasea por el aire. Está listo para arrojarse sobre el sujeto en el momento en que éste está en vías de desear tener una experiencia que le haría advenir a una etapa superior, permitiéndole identificarse con su padre, con su madre o con alguien mayor.

En esa época, lo prohibido de franquear las etapas se vive en forma de un hocico devorador, que se objetiva en los sueños de niños y en las situaciones en las que el pequeño desea cometer un acto prohibido.

Por ejemplo, le gustaría mucho comerse el pastel vedado, se acerca a la golosina, pero rápidamente cruza los brazos por atrás, presintiendo que al tomar sus manos el pastel, se las va a cortar esa boca afilada que surge del dulce. El pre-superyó ha roto así una imagen del cuerpo funcional que hubiera satisfecho al niño.

Para expresarlo de otra manera, el sujeto se pone a desear, sus ojos devoran la golosina, su boca se pone a salivar, sensorialmente está deseoso, pero el gesto que permitiría satisfacer ese deseo (del orden de la libido anal puesto que se trata de un hacer) está prohibido por una zona erógena arcaica (representada por los seres que no hablan, como los tiburones, el pez, el lobo, el tigre, el león).

Esto desdobla al niño en una parte deseosa —lo que está en él sigue siendo oral— y una parte anal —la ejecución— que está prohibida y cuya zona erógena prensible —las manos— está amenazada de mutilación, por una zona erógena oral, perteneciente al objeto deseado, por lo tanto a un período terminado.

Un doble favorable reconocerá la validez del deseo y el niño podrá hablar de él. Pero si el doble se pone del lado de la zona erógena arcaica, el niño no puede compartir el decir de su deseo con su doble: regresa así a la no representación de su deseo.

Otra manera de hacer frente puede consistir para el niño en dividirse, al realizar sus manos el acto casi a escondidas.[2]

En cambio, si otra persona, al prohibir la realización de ese deseo reconoce sin embargo su validez, permite al niño continuar sintiéndose dinámico al desear. Todo en él da los medios para comprender las razones de contemporizar la realización de su deseo. Pero si el deseo mismo es culpabilizado, las pulsiones en juego en ese deseo no son ya válidas en ningún nivel y ponen en peligro la integridad misma del cuerpo en su realidad imaginaria, de ahí la imposibilidad de sublimar esas pulsiones.

Una nueva incitación del deseo no puede entonces sino implicar una fobia, en lugar de reforzar el lenguaje del deseo

[2] Y atrapado en el acto, niega sin mentir. "No fui yo. —No, no fuiste tú, fueron tus manos. —Sí, porque 'yo' no quería." (No yo, sino ello quería.)

y de permitir el aprendizaje del código técnico que conduce a la satisfacción. Es decir: "¿Cuánto tiempo es necesario y cómo ingeniárselas?"

Volvamos a la constitución del pre-superyó. Se constituye a partir de una zona erógena de la etapa anterior.

En la etapa oral, esa zona erógena es dental. En la etapa anal, es rechazo. En la etapa genital, la zona erógena imaginada que desempeña el papel de pre-superyó es divisoria en cuanto al objeto parcial peniano, pero es remplazada por la persona entera del sujeto y el pre-superyó anal puede sobre todo entrar en acción contra el sujeto frente a los demás. Puede hacerle perder el honor o la cara. Esto se vuelve un riesgo narcísico extremo, total.

Esto les explica, según la forma que reviste el peligro, cómo se señala en un tratamiento en qué etapa constitutiva del superyó se encuentra el sujeto. ¿Es, por ejemplo, el cuerpo en su totalidad lo que está amenazado, o solamente algunas de sus partes, que se convierten en objetos parciales necesarios para el funcionamiento de zonas erógenas caducas? [3]

P.: ¿Cómo se constituyen entonces los diferentes "pre-yó" oral, anal y genital?

F.D.: El niño que sublima bien las pulsiones orales después del destete está en el placer de las palabras utilitarias y lúdicas. Tiene una boca para hablar. Ése es el "pre-yó" [4] con predominio oral o la seguridad suspendida en la plenitud y el hecho de tener reservas.

Igual que el niño que sublima bien las pulsiones anales después del destete está en el placer del actuar utilitario y lúdico: tiene manos para hacer.

Habla con todo lo que lo rodea y sostiene la vida imaginaria en ausencia de un interlocutor, por su actuar en el espacio con

[3] En el lenguaje: bajar los ojos, enrojecer, ocultar el rostro u ocultar la boca: tener vergüenza de sí, de lo que el deseo haría decir. Por el contrario, cabeza alta, correr el riesgo de su deseo: ser atrevido, tener la mirada resuelta.

[4] A partir del momento en que el niño dice "yo" es cuando se puede hablar de pre-yó.

su cuerpo. En la deambulación, al caminar, al subir, al bajar, y por la manipulación.

El niño que se ha constituido ese primer "pre-yó" oral no está todavía en edad de ir con otros niños si la persona tutelar no lo inicia, con motivo de su intercambio lúdico de palabras, en la manipulación por el placer de objetos corrientes, mediadores de su relación: los muebles, la cocina, los juguetes... Y esto incluso antes de la limpieza esfinteriana.

Es esa llamada al dominio del espacio por el cuerpo, de los objetos por las manos y de la utilización del medio ambiente para el placer, acompañada de lenguaje verbal, lo que apoya en el niño la derivación de las pulsiones anales brutas (interés solamente por los excrementos) hacia una actividad ya cultural y humanizante.

Después, el espacio se vuelve narcísico puesto que el niño sabe divertirse en él, y los demás se convierten en interlocutores de palabras y de juegos en actividades prácticas.

El desinterés de los excrementos le hace interesarse en lo que queda de específicamente erótico en el bacín, es decir el sexo.

Por medio de esas cuestiones concernientes al sexo, el niño entra en el pre-yó genital que conduce al Edipo. Las pulsiones orales y anales, castradas del deseo de interesarse en el cuerpo del adulto tutelar y de hacerlo su objeto complementario, encuentran en ese adulto un compañero de sus sublimaciones. El adulto se convierte en el compañero con el que uno habla, con el que uno trata y con el que uno trabaja.

El pre-yó genital se apoya en ese compañerismo para apreciar la diferencia de los sexos. El superyó anal no está ya entonces representado por una imaginación de zona erógena amenazadora que pertenecería al adulto tutelar, poseedor del objeto prohibido, sino que se convierte en el valor lúdico y utilitario del órgano genital. Es la edad del "¿para qué sirve esto?", sobrentendido: "Esto sirve para el placer del poseedor de este sexo."

Pero el descubrimiento de la procreación da un sentido anal productivo a lo que el niño cree que es un funcionamiento. Su deseo, encantado, tiende todavía hacia los placeres orales y anales. Él está pues en plena interrogación, puesto que ha renunciado al placer de las zonas de necesidades.

Le parece entonces contradictorio imaginar el deseo de relaciones genitales en los lugares risibles o menospreciados: "¡Es desagradable hacer eso ahí!", se dice.

Son la estima y el amor por los padres los que están en juego en el conocimiento por el niño de su vida genital.

Por eso es que los padres que recuerdan poco o nada de su propia repugnancia de niños imaginándose el coito, tratan de retardar en sus hijos el descubrimiento de la genitalidad que no sea funcional, con fines de procreación: es decir su deseo y su placer de hacer el amor.

En efecto, temen no ser ya respetados por sus hijos. Lo que prueba que los padres se proyectan en su progenitura, la que personifica una parte de su narcisismo el cual tienen miedo de perder.

P.: En la edad del valor de las formas ¿cómo se maneja la diferencia de los sexos, según si se es varón o niña?

F.D.: El pene, eréctil o no, es tanto para la niña como para el varón, en la edad de la que usted habla, una forma visiblemente localizada en un lugar que cada quien siente como un lugar de deseo y para el que el niño tiene un objeto parcial —el pene— que significa la presencia y la vitalidad de ese deseo. Una niña no tiene nada que permita visualizar una forma aparente en el lugar de su deseo. Ella se pregunta por qué el niño posee un grifo-pipí tan hermoso y ella no. Si el adulto no responde a esas preguntas concernientes al órgano masculino vislumbrado, o incluso a su reivindicación del deseo de ser varón, la niña se da una explicación: o no lo ha merecido, o es caca hablar de ello.

¿Por qué caca? Porque, durante la defecación, el placer anal sentido, placer fálico transitorio, le ha dejado en la memoria la huella de haber sido prolongado por una pequeña cola desaparecida demasiado rápidamente, y reproducir ese placer, perpetuar esa sensación se volvería prohibido. Por eso es que el entendimiento de su sexuación y de su integridad corporal total a imagen de todas las niñas y de todas las mujeres del mundo, debe entregárselo el adulto tutelar.

Es necesario que ella comprenda que no es un lugar de excrementación, de necesidad acompañada de placer, a la altura del bacín, sino que se trata de una región del cuerpo dedicada al deseo entre personas para darse un placer recíproco; que su crecimiento le permitirá descubrir su sexuación, su deseo y su placer que son tan válidos como la sexuación de sus camaradas varones.

P.: ¿Cómo se produce la entrada en el Edipo propiamente dicho?

F.D.: Cuando un niño ha renunciado por el destete a la relación de boca a seno con su madre, luego a que carguen su cuerpo y a la relación de su cuerpo con las manos de su madre por el caminar y la limpieza esfinteriana, en ese momento, él desea identificarse con el padre del mismo sexo y tener las satisfacciones eróticas de la pareja paterna.

Ver y oír lo que sucede en la recámara conyugal adquiere mucha importancia. Todos los sentidos del niño están alertas para aprehender la menor ocasión, muy satisfactoria para él, de inmiscuirse en la vida de la pareja paterna. Este nerviosismo debido a las pulsiones edípicas traduce la exacerbación de pulsiones homosexuales rivales y heterosexuales amorosas.

Este conflicto de pulsiones es específicamente edípico; es el período de las pequeñas frases, como las siguientes, tanto en los niños como en las niñas: "Detesto a papá, es demasiado amable. Quiero a mamá..." O incluso: "No importa lo que pase, quiero ir a la cárcel con ella, estoy dispuesto a hacer lo prohibido por ella." O las niñas: "Un día mi papá me permitirá todo lo prohibido. Pero no podré esperar, es demasiado difícil."

Esas tensiones contradictorias de las pulsiones del niño comprometido en el Edipo provocan siempre problemas funcionales o caracteriales.

La paz necesaria para un crecimiento sano, tanto mental como psicosocial, necesita el renunciamiento a las pulsiones genitales dirigidas hacia los cuerpos atractivos o repulsivos de los padres o de los miembros de la fratría.

El superyó genital es la integración de lo prohibido del incesto. El superyó genital no es ya una zona erógena y se desprende del cuerpo del niño que se pone a considerar a los que lo rodean como personas en su realidad social, a las cuales les son reconocidos deseos cuyo objeto preferencial no es ya el sujeto.

Dos dificultades subsisten sin embargo. Una proviene de los niños: siendo todavía dependientes de los adultos, los niños los creen —por ese hecho— superiores en saber utilizable directamente por ellos, mientras que los adultos no lo son más que en el conocimiento de lo que han experimentado. Otra, de los adultos, que tienen tendencia a creerse poseedores de sus hijos, los que según este criterio deben reportarles placer y honor. Demasiado a menudo los imaginan como una duplicación de ellos mismos cuando eran niños, y por eso tienden a hacerlos repetir con ellos los modos de relación que sus propios padres les impusieron.

Tal educación, calcada de un modelo de veinte años atrás, aliena al niño en el trato con los de su misma edad. Se dirige a culpabilizar la otredad radical del sujeto niño, que no proporciona placer a sus padres. Es ahí donde el superyó inculcado por los padres se vuelve neurótico, puesto que está al servicio de un seudoideal del yo incestuoso o de un objetivo inculcado, literalmente incestuoso, a saber: el placer por procurar a los padres.

La zona erógena del superyó neurótico edípico, es la persona completa del padre o de la madre. Superyó tanto más patológico si esos adultos no están unidos uno con el otro de manera satisfactoria.

Entonces, en el niño, las prohibiciones de su deseo están representadas por padres frustrados de placer, a quienes —renunciando a la experiencia del suyo— deberá ofrecer su sacrificio.

De hecho, el superyó apunta a mantener un prohibido necesario para vivir, pero inversamente puede impedir vivir. ¿Cuál es pues la naturaleza de ese prohibido superyóico y cómo se manifiestan sus prohibiciones?

Cuando no hay prohibido, hay una devoración o un rechazo, la podredumbre corrompe la zona erógena que desea en el cuerpo del sujeto. Este último desea satisfacer un encuentro interpsíquico, pero lo efectúa mediante su cuerpo. Es la zona erógena involucrada la que será eliminada como responsable del deseo, porque era el lugar mediador mientras que en realidad era el sujeto el que deseaba. No habiendo sido realizado la castración simbólica, lo que experimenta la zona erógena es una mutilación. Será agredida por la podredumbre, la muerte, lo cortante, lo rechazado o lo destruido por caída, como la caca. Una caída que puede ser real en el espacio del esquema corporal, en el organismo, como las enfermedades psicosomáticas o como las lesiones debidas a agentes extraños, que se instalan en una zona debilitada por el superyó. Pero igualmente una caída que puede ser metafórica, como el pecado, por ejemplo. Es decir la denegación del semblante humano de un individuo, semblante que es el soporte testigo del sujeto del deseo, lo que podría decirse asimismo como si el sujeto no tuviera ya espejo interior para verse humano. Recuperamos el doble.

Supongan que se miran en un espejo sin verse en él. Se van a aterrorizar y a regresar a una imagen de vampiro que sella la ética de la época fetal. Esta ética descubre, en el momento del Edipo, al sujeto que no logra convertirse en un igual del padre, un rival en la conquista de las mujeres, salvo la madre y las hermanas. Es pues en ese momento cuando él puede no tenerlo ya como doble y cuando es muy importante verse en el espejo.

Igualmente, ese horror de la boca desdentada, a partir del cual el Edipo puede verdaderamente vivirse, puesto que el niño ve un enorme agujero en su boca, en lugar de su sonrisa habitual. El varón, por ejemplo, no puede ya contar con su rostro para rivalizar en seducción con los adultos, ni con su sexo lampiño, comparado con el de su padre, más poderoso y velludo. De hecho, no teniendo ni cola ni cabeza, toma conciencia de que el sujeto en él es mucho más que el cuerpo, y se da cuenta de que le queda la inteligencia y el acceso a la comunicación con los demás por medio del lenguaje.

Muchos niños no saben que los dientes vuelven a salir, a nadie se le ocurre decírselos. Esto provoca una gran angustia, y al vivir su rostro como una máscara de bruja, el niño puede tener una regresión al carecer de una imagen valerosa de sí mismo. Salvo si se ha constituido un doble interior, que no es ni el superyó, ni el ideal del yo, ni el yo ideal, sino que le procura un consuelo al permitirle decirse por ejemplo: "Yo y yo, estamos de acuerdo en considerar que no somos tan feos como eso."

Precisamente, los seres que tienen un doble exterior encarnado en una persona física, no llegan a construirse un doble. Su hijo les sirve de doble y por eso es que en general se vuelve psicótico.

P.: ¿Después del Edipo, cuáles son entonces los guardianes del yo; quién remplaza al pre-yó y a su dialéctica afectiva?

F.D.: A partir del Edipo, el guardián del yo genital del individuo es a la vez un ideal del yo inconsciente de fecundidad, de responsabilidad de sus actos y de sus palabras frente al grupo y frente a la ética familiar introyectada, y también una posible amenaza superyóica anal, ya que todo sujeto es asimismo el objeto de un conjunto de otros sujetos que pueden interpretar su comportamiento por proyecciones.

El ideal del yo genital está igualmente acompañado de un superyó de omnipotencia paterna que produce en el adulto padre un sentimiento de culpabilidad cuando su hijo sufre.

Viene entonces la confusión entre la responsabilidad y la culpabilidad tan frecuente entre los padres de hoy.

Se olvida sin embargo que es el feto el que pide nacer, de acuerdo con los adultos. Es su deber ayudar a las nuevas generaciones así como apoyar a los fetos en su deseo de encarnarse tanto como en su deseo de morir un día. Actualmente, parece que ese deber de ayuda se confunde con lo prohibido de la enfermedad y de la muerte.

El anuncio de un niño por venir parece vivirse como el anuncio de una enfermedad. Voy a darles un ejemplo concreto. En la actualidad, cuando un niño se anuncia de una manera imprevista en una pareja de amantes, el hombre –más frecuentemente que la mujer– reacciona a ese acontecimiento con una angustia superyóica anal que se traduce en el deseo de matar al feto como si éste desvalorizara sus coitos de amor con esa mujer.

Esta reacción es nueva y de acuerdo con la evolución de las mentalidades.

Por supuesto que, tal como antes, la futura llegada de un

hijo reactualiza el hecho de que una mujer es muy distinta de un hombre y modifica la castración primaria.

Pero, en cambio, lo que es nuevo hoy en día es que la alegría de dar una promesa de descendencia a la mujer amada parece dejar lugar a la angustia de un sentimiento de responsabilidad genital y conyugal que se traducen en una especie de prohibición de traer al mundo a un ser humano en este planeta contaminado, violento y apocalíptico.

Antaño se pensaba en la vida desde que un niño se anunciaba, ahora se piensa en la angustia de la muerte para ese niño en devenir que representa el amor de los padres. El futuro padre es atrapado en un conflicto de responsabilidades que con la mayor frecuencia le hace fantasear que deja a esa mujer a quien él ha vuelto madre, o pedirle, como prueba de amor, que aborte a ese niño, futura imagen viviente de su amor viviente.

¿Es el mecanismo de la necedad lo que está en acción? ¡Morir antes de nacer, para no tener que morir en este fin de siglo demasiado angustioso!

Tal vez la angustia superyóica anal prevalece sobre el ideal del yo genital debido a la legislación del aborto. Una multa simbólica de cien francos, por ejemplo, para crear una deuda de aborto amortizable en algunos años sería sin duda deseable para cada mujer que se hiciera un aborto.

Mientras que hoy día uno piensa que ese acto se vuelva gratuito tanto para las parejas como para las mujeres solas.

El aborto gratuito, desde el punto de vista social, es una buena cosa, pero hacer pagar una multa, desde el punto de vista simbólico, ayudaría a preservar el ideal del yo genital de la mujer. Pues toda mujer se mutila simbólicamente con un aborto.

Lo que no quiere decir que ese sacrificio asumido voluntariamente por una mujer no pueda ser el efecto de su sentido agudo de la responsabilidad genital. Ellas, para quienes el aborto correspondería realmente a ese ideal del yo genital en acción, comprenderían muy bien el efecto salvador de esa multa simbólica demandada por la sociedad.

P.: ¿No tienen que ver con el doble las historias del ángel de la guarda? Cuando yo era pequeña los ángeles de la guarda me perseguían.

F.D.: En ese caso, el ángel de la guarda estaba dialectizado en lo anal, era como un pedo maloliente que la amenazaba. Los ángeles de la guarda son muy pedorros. También pueden ser deliciosamente perfumados. Son alientos dulces o apestosos, todo depende de cómo se sitúe nuestro sentimiento de culpabilidad con relación a esas cuestiones de olores. En el folklore universal, los ángeles de la guarda son orejas a la escucha de Dios y yo pienso que esto afecta al problema del doble. Siguiendo la naturaleza del inicio de la relación del niño con su madre, el doble se elabora en un narcisismo basal tranquilizador o, por el contrario, inquietante. Insisto en que ese doble inconsciente se constituye con relación a un espejo de intenciones que no es el espejo de los comportamientos aparentes. En los individuos en que es inquietante, hay búsqueda de ese otro —el doble— obligatoriamente exterior. Es eso lo que hace tan frágiles a esos personajes.

P.: ¿Qué hay en el caso de los gemelos que ven a su doble en el otro gemelo?

F.D.: Cada gemelo tiene su doble interior que no es su hermana o hermano gemelo. Pero, por supuesto, el hecho de tener un gemelo limita la confianza de cada uno en la construcción de su propio doble interior porque cada uno representa para el otro la escena primaria. Por una parte, el gemelo es el testigo viviente para el otro de la existencia de la placenta, por la otra es el representante de la escena primaria inicial a la vida de cada uno, es decir el representante del padre y de la madre y el testigo del coito inicial a la concepción del otro.

Pero los gemelos saben muy bien que cada uno existe para los demás en el espacio como cuerpo, mientras que el doble no existe en el espacio físico.

P.: ¿Se puede comprender la rivalidad fraternal a partir de ese concepto de doble?

F.D.: No a primera vista. Tal vez está igualmente articulada a ese concepto de doble, en la medida en que cada uno de nosotros definitivamente debe dar la muerte a esa parte de sí mismo menos promocionada que la que domina el momento actual en el que nos encontramos. Hay que hacer entrar, en el pasado irreversible, el actuar inmediatamente terminado. Ésa es la muerte continua que debemos asumir para no ser neurotizados. Justamente la neurosis es el no dejar morir todo lo que está terminado: en un punto extremo, es cuajar finalmente todo, para detener el curso del tiempo. Pero el tiempo que pasa hace que, por ejemplo, el niño que sabe caminar deba definitivamente menospreciar al que todavía no se pone de pie, y por lo tanto matarlo en él. Hay que matar el pasado en nosotros. Matar en el sentido de no volver a ello, de no identificarse con ello como con algo válido. Gracias a lo cual el doble interior puede continuar existiendo, pues el doble es un auxiliar del deseo en relación con el mantenimiento del narcisismo de base, que permite conservar una promesa de desarrollo frente a sí mismo.[5]

P.: ¿No puede uno decir que en una familia cuando un primer hijo muere joven el que le sigue tendrá como doble al espectro del primero?

F.D.: Ése no es un fenómeno de doble, sino de parasitismo que comenzará desde la vida fetal. El niño muerto, en efecto, es fantaseado por la madre encinta como el tercero, como el doble del padre, tomando por lo tanto el lugar de éste. Es lo que expresa la madre cuando se lamenta al hablar del bebé por nacer: "¡Ah, él no lo verá!" El muerto está presente cada vez que la madre fantasea con su hijo por nacer. Este último, por lo tanto, se siente incestuoso con un muerto.

He hecho sorprendentes observaciones al respecto en niños psicóticos.

[5] Es lo que todo el tiempo dicen los pequeños cuando repiten: "yo soy grande", aun cuando esto no sea todavía cierto porque aún se hacen caca o pipí en los calzones, por ejemplo. No hay que regañarlos, porque realmente tienen un yo ideal de dominio, venido en parte de que sus padres, en ese caso, han deseado que se vuelvan limpios. Como el niño no puede alcanzar todo el tiempo ese yo ideal, trata de identificarse con él menospreciando lo que en él es incontinente. Lo importante consiste en hablar del asunto con el niño para que no se menosprecie, explicándole que la limpieza va a llegar y que no es su culpa si está sucio, es la condición infantil de su cuerpo.

P. (hombre): ¡Es peor cuando el recién nacido lleva el nombre del desaparecido!

F.D.: Sí, claro, evidentemente, es una desviación del doble, puesto que está impuesto por el nombre.

P.: Fue el caso de Vincent Van Gogh, cuyo hermano mayor muerto se llamaba también Vincent. Todos los domingos llevaban al futuro pintor a la tumba de su hermano, donde podía leer: "Aquí está enterrado Vincent Van Gogh."

F.D.: Lo que ha sido extraordinario en Vincent Van Gogh, el pintor, es que su hermano Theo fue un verdadero contrapeso, un hermano incondicional, un apoyo y un doble que creía en él, en Vincent. Sin embargo, eso no impidió a Vincent buscar en otros, en la realidad, la encarnación del doble interior que le hacía falta. Por supuesto que cada vez caía en falsos hermanos que le hacían mal. Principalmente Gauguin.

Me gustaría decir algo a propósito de esa noción de desviación. Pienso que nuestra estructura es axil, que es como un hilo en nuestra historia, desde nuestra concepción hasta nuestra muerte. La salud consiste en poder mantenerse inconscientemente en ese eje y en poder regresar en los momentos de fatiga, sin ser atrapado en desviaciones laterales. Es una idea que me vino de los dibujos de niños. Ustedes conocen esa casa a la que yo le di el nombre de "casa-Dios", sin saber que una carta del tarot se llamaba así. Cuando el niño crea la posibilidad geométrica de esa casa, está en la edad en que se cree el centro y el amo del mundo. Él es Dios, así se siente. Curiosamente, al alargarse, esta casa se convierte en el campanario de las iglesias, y al encogerse, en caseta de perro.[6] Es completamente la ilustración del adagio según el cual "quien hace el ángel hace la bestia...". Por otra parte, el niño que permanece en esa etapa de su evolución y de su ética megalómana, sigue haciendo esas casas.

Ustedes lo ven, por ejemplo, en las obsesionales de trece a catorce años. Dibujan esas casitas en todos los rincones, igual

[6] Véase dibujo (a), p. 128.

que ponen por todas partes la firma de su padre. Hacen a la vez el perro y la firma del gran señor. Están perdidos y en la realidad hacen el tonto.

Bueno, pero esa casa puede tener un techo, que es representativo de un inicio de pre-superyó.

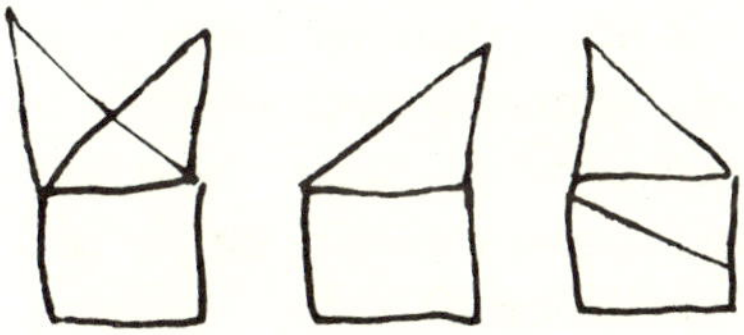

(*b*)

(*c*)

Ustedes ven dibujos de niños en los que el techo no está en el eje de la casa.[7] Lo que significa que no hay eje entre tú y yo articulándose en un código seguro. El niño no sabe cómo hay que actuar para mantener su relación con el otro. Es típicamente la desviación del pre-superyó de un niño confiado a una persona tras otra, teniendo reglamentos interiores siempre diferentes. A pesar de todo, se necesitaría que el niño se hiciera a una primera sirvienta o niñera tonta. Luego a otra, tonta de otro modo. Después a una tercera, también de otra manera tonta.

El resultado de todo eso es que el pre-superyó va en todos los acimuts porque el niño no ha introyectado una regla de comportamiento que dé un buen narcisismo. Es así como se vuelve histérico, versátil y caprichoso, porque está en el deseo del otro que cambia sin cesar. Ha introyectado a alguien cambiante. La histeria data de la época del dominio de la motricidad, utilizada para estar en el deseo del otro y hacerle ceder a sus deseos. Pero sin poder establecer un código seguro.

El estilo de dibujo del que acabo de hablar, es el acto de un niño que no sabe lo que representa. No puede representar otra cosa que esa forma, que es su imagen del cuerpo simbó-

[7] Véase dibujo (b).

lico. Si comienza, por ejemplo, a dibujar un trapecio con un lado mocho, mochará todos los dibujos de la sesión.[8]

Al mochar un costado de esa manera, ha querido mostrar algo preciso en esa ocasión. Y aunque sus trapecios representen barcos, techos de casa u otra cosa, todos estarán mochos. Eso es significante de una incisión de su comportamiento presuperyóico.

Es muy importante hacer que los niños dibujen un triángulo equilátero, un abeto o una hoja dentada, para observar si su eje está desviado. Los niños que dibujan hojas de árboles y les mutilan los ejes, representan una mutilación de su propio eje, debida a algo denegado alrededor de su sexo cuando eran muy pequeños, es decir en el momento de la oralidad de los biberones, mucho antes de la edad de la palabra. Esto desvió el eje que unía su aliento al placer de ser del sexo que es el suyo.

Esos niños han sufrido una mutilación del código existente entre las necesidades y los deseos de la etapa oral. Esto siempre tiene que ver con una denegación de su sexo por la persona que se ocupaba de ellos, ya fuera su genitora o la niñera invertida, que detestaba tanto a los niños como a las niñas.

Gracias a los dibujos, podemos trabajar esto en la transferencia. Si dejamos pasar esa desviación, esos niños van a tener una escoliosis a los ocho años. Encuentro esos ejes mutilados en los dibujos precoces de niños que han tenido más tarde escoliosis graves. Sus dibujos fuera de eje mostraban que su imagen del cuerpo vegetativo había sido falseada, de ahí su imposibilidad de representar algo vivo y bien centrado.

Esos niños son remedos de personas, enclavados en el estadio de la pasividad. Un eje bien dibujado significa que uno posee su doble en todos los estadios. El axil ético, es el sexo y el rostro.

Los seres que no aceptan su sexo tienen un doble frágil, y tienen necesidad de ser confirmados en su sexo por otros. Si es una mujer, espera que un hombre la reconozca como tal, e inversa-

[8] Véase dibujo (c).

mente, si es un hombre. A falta de lo cual, esos seres permanecen ambiguos en su pertenencia a un sexo.

P.: Atiendo a una pequeñita que no habla más que en voz baja y continuamente dibuja "casas-Dios", con frecuencia sin puertas. No entiendo bien este caso.

F.D.: Justamente hoy vi los dibujos de un niño que hace "casas-Dios" sin puertas y también habla en voz baja. Me pregunto si la ausencia de puertas no será la señal de una inhibición de la palabra, al ser la puerta el representante de la relación de boca, tú-yo. Esto me parece posible, pues cuando hay una puerta hay también una especie de camino que de hecho sería la representación de la palabra yéndose hacia alguien. Cuando no hay puertas, el camino se detiene muy rápidamente. Desde que se establece un coloquio con el psicoanalista, el camino se alarga en los dibujos y toma una dirección definida. En este caso ¿no remitirá la ausencia de puertas justamente al período de la relación con la madre durante el cual el niño no podía todavía hablar? Tendría él pues todavía que vivirlo interiormente en la transferencia con usted.

P.: Para un niño ¿puede la máscara representar a su doble?

F.D.: ¿Una máscara real? No lo sé. En todo caso se representa algo importante con la máscara, lo que yo he comprobado en muchas ocasiones. Me acuerdo del caso de un niño muy tartamudo que llegó a su sesión con una máscara, porque era carnaval. Detrás de la máscara, no tartamudeaba en absoluto. Hablamos de ello y me dijo: "Me pasa igual si tomo el acento de Mario ¡tampoco tartamudeo!" Y diciendo y haciendo tomó el acento del Mediodía y se puso a contar historias escatológicas y eróticas, muy importantes con relación a su propia historia y a su sexo.

He ahí un caso más que permite pensar que el doble está en relación con el sentimiento de estar a gusto con su sexo. Esto actúa muy precozmente, mucho antes de la edad del yo. Asimismo, me parece que el doble tiene una relación con la máscara, pero con una máscara interna y no externa.

Para ese niño, el uso de una máscara externa que supuestamente lo transformaba en otro, le permitía hablar sin tartamudear, pero cuando volvía a hablar en su nombre, tartamudeaba de nuevo. Parece que no podía responder de sí mismo en su sexo al nivel de su falismo oral y que en ese nivel tenía necesidad de protegerse detrás de una falsa identidad para poder dominar la columna de aire de su expresión fálica de varón.

P.: Lo que usted dice de la máscara me trae a la memoria lo que Freud escribió en su artículo sobre "La inquietante extrañeza", a propósito del regreso del doble narcísico mortífero.

F.D.: Esa inquietante extrañeza me parece en efecto un aspecto del doble. Pero el doble no es forzosamente inquietante o extraño. Él está ahí precisamente para asegurarnos que lo inquietante y lo extraño no pasan más allá de cierto umbral. Tanto más vuelve fóbico "la inquietante extrañeza", cuanto el doble es una especie de otro del que uno está seguro y en quien uno puede cifrar su seguridad. Es algo introyectado y único. Es una seguridad que protege de ser un simple objeto de necesidad antes del Edipo, cuando lo imaginario del niño puede estar de acuerdo con el incesto.

No es ni visible ni especular, creo que es una vivencia. La imagen especular es mucho más tardía, comienza hacia los seis meses.

P.: ¿No es a la vez muy seductora y muy inquietante la imagen especular?

F.D.: Así es. En cambio, a partir del momento en que se ha estructurado el doble inconsciente ya no se perjudica a la imagen especular. Observen por ejemplo a alguien que se mira al espejo y dice: "¡Dios mío, qué feo soy!", y luego no piensa más en ello. Bueno, a pesar de esa imagen especular poco satisfactoria, el doble interior de esa persona es completamente tranquilizador y sin cambio.

P.: ¿La formación del doble depende del narcisismo de los padres?

F.D.: No son los padres los que forjan el doble. Pero es el resultado de una dialéctica con ellos. Los niños que han tenido padres muy agresivos y destructores dentro de ciertos límites son los que se han forjado la imagen más sólida.

Es muy sorprendente y difícil de comprender para nosotros, pues, so pretexto de principios educativos de aquiescencia constante a lo que hace el niño, los hacemos enormemente frágiles. Esto les impide estructurar un doble que cuente con su propia estima, no importa lo que diga el vecino.

P.: ¿Cómo se puede constituir una imagen sólida si los padres son agresivos?

F.D.: Justamente. Se constituye cuando está claro que los padres tienen un deseo agresivo. De hecho, se necesitan imágenes ambivalentes, es decir que los padres sean agresivos pero amantes, para que esto más o menos dé un hijo saludable.

P.: El doble inconsciente del que usted habla es interior. "La inquietante extrañeza" de Freud surge cuando ese doble se percibe en el exterior. Freud pone este ejemplo: Ve a un hombre en un espejo y se dice: "¿Eh, quién es ese viejo bonachón?" De pronto se da cuenta de que es él. Encontró a su doble en el exterior, en lugar de que sea dominado en el interior e instalado bien calientito.

Ésa es la inquietante extrañeza.

F.D.: Él niega su apariencia. Eso no es el doble.

P. (otra): ¿Es que la imagen especular puede constituirse...

F.D.: ...solamente con el agua del estanque, sin otras personas alrededor de sí? No, eso no existe. La imagen especular no se constituye más que en dialéctica con los otros y ciertamente no frente a un espejo. Se fabrica al interiorizar a los otros.

P.: ¿No será el doble la instancia que permite a cada quien reconocerse, es decir el sustrato de la identidad?

F.D.: Es exactamente eso. Es algo permanente que regresa, por ejemplo, al despertar.

Atendí a un hombre que había perdido una parte de sí mismo. A los catorce años, su madre lo había despertado brutalmente en la noche para que fuera a buscar al médico porque su padre tenía un infarto. A partir de esa noche, todos los años, en la época precisa de ese incidente, vivía un episodio maniaco, seguido de un estado depresivo de seis semanas, durante las cuales se veía obligado a internarse.

Una vez casado, el síntoma se volvió muy fastidioso y el hombre comenzó un análisis. En el transcurso de su tratamiento, descubrió que había dejado y perdido para siempre una parte de sí mismo en su cama, la noche de ese despertar brutal y dramático.

Al despertar, no se había reconocido como el mismo que era al dormirse la víspera. Esa parte de sí es lo que había venido a buscar en el análisis. Su síntoma desapareció el día en que vendió su cama, de hecho el lecho conyugal de sus padres, es decir el lecho de la escena primaria. Una cama impuesta por su madre. La misma en la que su padre (curado y viviendo desde entonces) había tenido su infarto.

En el fondo, me pregunto si la necesidad de construirse un doble, para cada ser humano, no viene de que tenemos un cuerpo y un rostro. ¿No tiene el doble una relación con el rostro frente a los demás rostros? Y todavía más, ese doble ¿es o no dependiente de la palabra? Lo que me interesa particularmente en el doble es precisamente lo que tiene de no dependiente de la palabra, y sus relaciones con lo que precede a la palabra y a la voz. El doble existe en los inhibidos de la palabra, que lo son quizá por no perder esa misma palabra.

Mi interés va también hacia la manera como se elabora el doble en su sujeto, en el lenguaje que le es obligado por los demás y mucho antes de que el sujeto mismo pueda hablar.

Es ahí, en la época del pre-superyó, donde sucede algo que afecta a la elaboración del doble. El pre-superyó, es el acuerdo emocional y rítmico del niño con la persona de la que depende su vida. Sabemos muy bien que los ritmos vegetativos no están totalmente determinados genéticamente. Por supuesto, cada niño tiene un estilo de ritmos propios, pero van a concordarse con los de la persona que se ocupa de él y a convertirse en un lenguaje codificado entre ellos dos. Esto es el pre-superyó. Si la persona que cuida del niño, la madre en general, lo desritma descomponiendo su reloj vegetativo de base, es decir imponiéndole sus propios ritmos, el niño tendrá entonces problemas graves: insomnio, anorexia o psicosis.

En cambio, si los ritmos del niño son tolerados, al mismo tiempo que tiene el sentimiento de ser reconocido como que hace vivir a la persona que se ocupa de él, entonces puede elaborarse algo que caracterice al otro que el niño va a interiorizar y que no será superyóico, sino yóico.

Eso es, por ejemplo, el lambdacismo del bebé que imita los fonemas de la lengua materna, mientras que progresivamente el pre-superyó actúa sobre los músculos fónicos para anular de entre todos los fonemas pronunciables por la faringe los que no tienen sentido para la madre.

El niño va a esforzarse por hacer presente la fonemática de la persona tutelar y acostumbrarse a sus frecuencias auditivas. Este trabajo del niño le hará poco a poco imposibles los acentos, los fonemas y las frecuencias de las otras lenguas.

El pre-superyó desempeña un papel muy importante al ser un instrumento que facilita el deseo del niño de convertirse en el otro.

P.: ¿Qué pasó con el papel del objeto transicional en la elaboración del doble?

F.D.: Interviene antes de la interiorización del doble. Pero es sin embargo una relación de la madre con él, lo que el niño proyecta en ese objeto-fetiche. El niño juega a ser su propia madre teniendo un fetiche del que no se separa. Juega a ser su propia madre de la época en que estaba *in utero* o en el seno, pero no su madre actual. Con la madre actual está en relación de fantasías de palabras que consienten o niegan lo que él hace.

Es ahí donde se ve intervenir al superyó, felizmente sin eficacia, al permitir al niño que continúe una actividad que los adultos llaman una tontería. Tomemos un ejemplo muy preciso. Un niño de veinte meses vacía un armario. Sabe muy bien que hace una tontería y repite mientras lo hace: "No hay que tocar, no, *pícalo* (pícaro)." Pero de todas maneras lo hace. El pre-superyó entra en juego. Está presente en las palabras del niño, cuando éste habla utilizando las palabras de su madre. Pero con suficiente flexibilidad como para no impedir a este niño que llegue al final de un acto de deseo completamente promocionante: vaciar a su mamá-armario de todos los objetos, para ser el único amo de lo que contiene el vientre de su madre, a saber: él mismo.

El deseo es más fuerte que los decires que prohíben, aunque esos decires formen parte de la integración de la palabra y de la integración social.

P.: ¿Ha interiorizado ya un buen doble ese niño?

F.D.: Sí, pero ese doble es todavía frágil y puede desaparecer por ejemplo si el niño es castigado duramente.

P. (hombre): Se puede pues situar la formación del doble antes de la posesión del lenguaje por el niño. El doble será inscrito en el niño por el lenguaje de los que lo rodean. ¿Estaría pues esa parte del cuerpo atrapada en el lenguaje de los otros?

F.D.: Seguramente.

P. (hombre): ¿Será por esa razón que el doble no varía ya según las fluctuaciones de lo imaginario, después?

F.D.: Pienso que la constitución del doble está en relación directa con la simbolización inconsciente de la placenta, esa hermana o hermano gemelo, abandonada por cada uno al nacer.

Por otra parte, en un análisis, cuando la fantasía de la escena primaria no ha sido revivida con ese estado depresivo que se llama pasar por las pulsiones de muerte, la cura no está terminada. Cuando está revivida, se puede entonces decir que el paciente ha ido hasta el extremo y que ha perdido su placenta, porque el doble se ha constituido al contacto de la transferencia, por la palabra.

En ciertas tribus africanas, el brujo toma la placenta de

cada niño recién nacido y la entierra en un lugar conocido por todo el mundo.

En caso de acceso psicótico de un miembro de la tribu, el brujo lleva al enfermo al lugar donde está enterrada su placenta y por una serie de operaciones mágicas le permite simbolizar ese doble inconsciente del que ha sido separado o del que un supuesto espíritu se había apoderado.

El brujo reactiva o provoca este suceso, dando al enfermo una verdadera castración umbilical.

P.: Un hecho me asombra: con frecuencia, la primera preocupación de una madre después del parto es saber si su hijo está completo, antes siquiera de inquietarse por su sexo. ¿Qué puede significar eso?

F.D.: En una madre así ¿no es una elaboración secundaria lo que la hace creer que la placenta del hijo le ha tomado una parte de ella misma –su hijo? Haría por lo tanto una proyección hacia una placenta rival de ella. Lo que se parece mucho a la angustia de castración de las niñas, siempre en relación con una madre intemperante y bruja que prohíbe disfrutar de las prerrogativas del sexo femenino, como lo ha hecho ella misma.

Se sabe cuán frecuente es que una madre joven se vea obligada a dejar a su hijo a su propia madre para poder vivir su vida de mujer sin sentirse culpable. Entonces yo me pregunto si ese tipo de madres jóvenes no proyecta sobre la placenta lo prohibido –inconsciente y amenazante– de su propia madre, de tener un hijo completo.